Pamela Reif
YOU DESERVE THIS

VORWORT

»Höre auf deinen Körper, er weiß, was er braucht.«
... doch hören wir richtig hin, oder hören wir nur das, was wir hören wollen?

....

Ich bin Pamela, 22 Jahre alt und im Süden Deutschlands aufgewachsen. Meine Mitmenschen hätten mich als vernünftiges, ausgeglichenes und unglaublich glückliches Kind beschrieben. Und diese Einschätzung trifft auf mich bis heute zu. Gerade in unserer so kurzlebigen Welt mit unzähligen potenziellen (!) Stressfaktoren – die übrigens gar keine sein müssen – bin ich froh, dass mir diese Eigenschaften geblieben sind.

Mein Beruf ist es, Menschen auf der ganzen Welt an meinem Leben, meinen Interessen und meinen Gedanken teilhaben zu lassen und sie dadurch zu motivieren, einen gesünderen Lebensstil zu verfolgen. Im Alter von 16 Jahren begann ich, Fotos von mir auf sozialen Netzwerken zu teilen. Heute ist meine Community auf über 5 Millionen Menschen weltweit gewachsen. *Wie viel das genau ist?* Kann ich mir nicht vorstellen. Ich schätze mich einfach unglaublich glücklich, dass irgendwo auf dieser wunderschönen Welt Menschen meine Sportübungen machen, meine Rezepte lecker finden und sich motiviert fühlen, ein gesünderes Körpergefühl bekommen zu wollen.

UND WIESO JETZT EIN KOCHBUCH?

Gibt es davon nicht genug? Ja, vielleicht. Ich würde niemals behaupten, dass mein Buch soooo viel besser ist als alle anderen. Ich freue mich, wenn alle passionierten Menschen im Leben Erfolg haben. Mit meinem Kochbuch möchte ich jeden ansprechen, der seinem Körper etwas Gutes tun möchte. Der ihm das geben möchte, was er verdient und braucht.

Alle Rezepte stammen von mir. Ich habe sie selbst gekocht, angerichtet, fotografiert und gegessen. Wo bei der klassischen Food-Fotografie oftmals Dinge wie Haarspray oder Kleber eingesetzt werden, waren es bei mir nur natürliche Zutaten wie z. B. Olivenöl, die meinen Fotos den letzten Schliff und Glanz verliehen haben. Die Bilder, auf denen ich zu sehen bin, hat meine Fotografin und Freundin Anna gemacht und als Unterstützung war auf unserer 3-wöchigen »Kochbuch-Reise« noch Daniela dabei. Sie hilft mir bei Social Media. 3 Wochen habe ich mir also für mein Kochbuch freigehalten. »Mehr Pause kannst du dir nicht von deinen anderen Projekten nehmen, du hast Verpflichtungen«, hatte Daniela gesagt. Und dann wurde daraus irgendwie doch ein ganzes Jahr. Ein Langzeitprojekt, das ich vollkommen unterschätzt habe. Aber auch ein Herzensprojekt, das mir wichtiger wurde als alle anderen. Die Rezepttexte habe ich auf den Flügen in die USA geschrieben, mit meinem Verlag irgendwo zwischen Karlsruhe und Hamburg kommuniziert und die Bilder in einsamen Nächten am Schreibtisch bearbeitet. Mir war es wichtig, dieses Kochbuch selbst zu machen.

Lange Rede, kurzer Sinn: Von mir, für euch. Für ein ausgeglichenes, gesundes Leben mit viel Energie und Freude. Because you deserve this!

INHALT

172 SWEET BOWLS

202 SIDES

....

220 ZUTATEN-REGISTER

....

222 DANKSAGUNG

....

223 ÜBER PAMELA REIF

....

Wichtiges zu diesem Buch

Im Regelfall bezieht sich die *Zutatenmenge* pro Rezept auf eine Bowl. Auf Abweichungen weise ich hin. Der Durchmesser meiner Bowls liegt in der Regel bei 17–20 cm, für Sweet Bowls bei 12–15 cm. Ich empfehle die Nutzung einer *sensiblen Küchenwaage*, weil bei vielen Rezepten die genaue Menge einen großen Unterschied für das Ergebnis macht.

Die *Nährwertangaben* beziehen sich, sofern ich es nicht anders angebe, auf eine Portion, also auf eine Bowl. Die Toppings habe ich dabei mit einberechnet, die optionalen Zutaten nicht.

Einige verstehen unter Bowl-Rezepten lediglich sogenannte One-Pot-Gerichte, die man direkt in der Schale zubereiten kann, ohne dass man *Küchenhilfen wie Pfannen oder den Ofen* braucht. Doch ich liebe die Aromen und vielfältigen Möglichkeiten, die durchs Rösten und Backen entstehen. Deshalb ist der Begriff »Bowl-Rezept« in meinem Buch etwas weiter gefasst!

Damit man direkt im Blick hat, wie lange man für ein Rezept braucht, wird bei jedem Rezept die *Zubereitungszeit* angegeben. Diese umfasst die Vorbereitungs-, Ruhe-, Ofen- und Kochzeit.

Bei der *Zubereitung im Ofen* verwende ich ausschließlich Umluft.

Ich benutze häufig einen *Food Processor*. Damit sind die Küchenmaschinen gemeint, mit denen man Lebensmittel auch zerhacken, pürieren und reiben kann.

Alle Produktempfehlungen in diesem Buch basieren auf meiner persönlichen Meinung und wurden nicht gesponsert.

 Vegetarisch: Alle Rezepte, in denen weder Fleisch noch Fisch verwendet werden, tragen dieses Symbol. Honig kann ganz einfach durch Zucker-Alternativen wie Agavendicksaft oder Dattelsirup ersetzt werden.

 Vegan: Wer auf tierische Produkte wie Fisch, Fleisch, Milch oder Eier verzichtet, findet unter diesem Symbol viel Passendes.

 Laktosefrei: Veganer, einige Vegetarier und diejenigen, die eine Laktoseintoleranz haben, verzichten auf Kuhmilch und Produkte daraus. Da ich so gut wie keine Milchprodukte verwende, findet man in diesem Buch eine große Auswahl an Rezepten!

 Glutenfrei: Wer eine Zöliakie (Glutenunverträglichkeit) hat oder glutensensitiv ist, sollte auf dieses Symbol achten. Bei den wenigen Rezepten mit Getreide kann dieses durch Pseudogetreide wie Quinoa oder Buchweizen ersetzt werden. Die meisten meiner Rezepte sind jedoch glutenfrei.

HALTE DIE BOWL – NIMM
MIT ALLEN SINNEN WAHR

APPETITLICHES
ANRICHTEN

ZUTATEN SIND FLEXIBEL AUSTAUSCHBAR

BOWLS

GIBT ES IN
SCHÖNEN MUSTERN
UND MATERIALIEN

BAUKASTENPRINZIP –
BASIS UND TOPPINGS

BEWUSSTER
GENUSS

IDEALE PORTIONSGRÖSSE
FÜR 1 PERSON

EINFACHE REZEPTE
& KURZE ZUBEREITUNGS-
ZEIT

VOM BUDDHISMUS
INSPIRIERT

TEXTUREN UND AROMEN
VERMISCHEN SICH

EINLEITUNG

»You Deserve This« … aber was eigentlich?

....

Was für eine Verschwendung wäre es, wenn wir unser wertvolles Leben nicht auf seine beste Art und Weise genießen würden. Und damit meine ich nicht die kurzen Minuten des Genusses einer Pizza oder einer Tafel Milchschokolade. Zieht hier jemand die Augenbraue hoch? Das verstehe ich. Wir suchen immer nach einer schnellen Art der Betriedigung. Eine, die uns für einen kurzen Moment in ein Hoch versetzt, uns aber ehrlich gesagt im Anschluss ein bisschen tiefer zieht – mental und gesundheitlich. Nicht jeder fühlt sich nach einem Burger »schuldig« – soll man ja auch gar nicht. Aber wenn aus »gelegentlich« irgendwann »täglich« geworden ist, verschwindet das kurze Gefühl des Glücks … viel zu schnell gewöhnen wir uns daran und sehen es als Normalität an. Auch die andauernde Müdigkeit, Konzentrationsschwäche, Bauchweh oder unreine Haut und brüchige Haare nehmen wir in Kauf – und denken keine Sekunde daran, dass das vielleicht etwas mit unserem Essen zu tun haben könnte.

DU BIST, WAS DU ISST

Ich liebe es zu wissen, wieso Sachen so passieren, wie sie passieren. Ich finde es interessant zu verstehen, warum ich an einem Tag Bauchkrämpfe oder einen Blähbauch habe und mich an einem anderen Tag pudelwohl fühle. Ich finde es auch spannend zu beobachten, wieso mein Papa an einem Tag ganz müde und am anderen Tag bis Mitternacht fit ist – und ja, das hängt davon ab, was er unmittelbar davor gegessen hat. Ich würde einfach ungern mein Leben vor mich hinleben, ohne es richtig zu verstehen. Ich bin gerne der Kapitän meines eigenen Schiffs. Und hier kommen wir zum springenden Punkt: Meines eigenen Schiffs. Jeder darf seine Route selbst entscheiden und ich würde niemals für jemand anderen steuern wollen. Die langfristige Motivation für diesen Lebensstil basiert darauf, dass ich für meinen eigenen Körper, meine eigene Gesundheit und mein eigenes inneres Wohlbefinden Verantwortung übernommen habe. Ich habe diesen Weg für mich selbst gewählt und ich fühle mich damit gesund, wohl und glücklich. Was meine beste Freundin macht? Das kann sie selbst entscheiden. Genau wie jeder andere Mensch auf dieser Welt. Aber wenn jemand »meinem« Weg zu einem gesunden Leben aus eigenem Interesse folgen möchte, stehe ich gerne helfend zur Seite. Deswegen gebe ich auf den ersten Seiten dieses Buches erst einmal einen allgemeinen Überblick über Lebensmittel.

MEIN ESSEN SOLL MIR SCHMECKEN

Und zwar so richtig, richtig gut. Gott sei Dank habe ich schnell gelernt, dass ich dafür kein Chefkoch sein oder Stunden in der Küche verbringen muss. Es ist viel weniger Arbeit, als man denkt. Frische Lebensmittel, genauso, wie die Natur sie uns schenkt. Unverarbeitet, unkompliziert und häufig sogar günstiger als Fertigprodukte. Gefüllt mit Vitaminen, Mineralien und Ballaststoffen, die uns von innen heraus gesund und jung halten. Dabei kommt es auf kein »low carb« oder »low fat« an. Ich spreche von keiner Diät, für die man einen knurrenden Magen in Kauf nehmen muss und auch von keiner Ernährungsform, bei der alles ein Ersatzprodukt verlangt. Wichtig ist, dass die Nahrung echt und natürlich ist. Das bedeutet »gesund« für mich. Es geht darum, sein Essen zu genießen, auf seinen Körper zu hören und herauszufinden, womit man sich tatsächlich fit und gut fühlt. Das mag für dich vielleicht etwas anderes sein als für mich. Aber nur wenn du deinen Kochlöffel selbst in die Hand nimmst und dich damit beschäftigst, was du isst, kannst du dem auf die Spur kommen. Und somit ist dieses Buch auch für jeden geeignet – ganz unabhängig von Alter, Geschlecht oder Gewichtsziel.

WO KOMMT EUER ESSEN HER?

Brauchst du wirklich jeden Tag Fertiggerichte, die irgendein Fremder mit Zutaten (die man nicht mal aussprechen kann) vor Wochen zubereitet hat, industriell verarbeitet und in Plastik verpackt hat? Vielleicht war es gar kein Mensch, sondern eine Maschine. Vielleicht hat es wie ein Schuhkarton geschmeckt und wurde dann mit ganz viel Zucker, künstlichen Aromen und Farbstoffen aufgepeppt. Habt ihr euch mal gefragt, wieso ein angeschnittener Apfel nach 3 Tagen schimmelt, aber ein Fertiggericht ein halbes Jahrhundert »frisch« bleibt? Ich glaube nicht, dass du Fertiggerichte brauchst. Zumindest nicht, wenn du einmal realisiert hast, wie schnell man ein leckeres Gericht mit echten Zutaten zaubern kann. Und dann wird vielleicht auch dieser nicht enden wollende Appetit endlich gestillt. Denn dieser kommt meist nicht von zu wenig Kalorien – davon essen wir genug –, sondern von dem Verlangen des Körpers, endlich an die Nährstoffe zu gelangen, die er bei dem industriell verarbeiten Essen heutzutage nicht mehr bekommt. Früher war die Qualität der Lebensmittel noch hochwertiger, es wurden weniger Chemikalien und Hormone eingesetzt und die Industrieprodukte waren nicht so stark verarbeitet. Meine Oma hat schon immer gegessen, was sie wollte, und lebt immer noch.

WANN MIR GESUNDE ERNÄHRUNG WICHTIG WURDE

Angefangen habe ich mit meiner gesunden Ernährungsweise, als ich mit 16 ins Fitnessstudio gegangen bin. Jeder weiß: Sport zeigt keine Erfolge, wenn die Ernährung nicht stimmt. Aber soll ich dafür wirklich Dosenpulver zu mir nehmen und Pillen schlucken? Ist das »gesund«? Meine Skepsis war groß. Seitdem setze ich mich damit auseinander, was ein Körper tatsächlich braucht, um ausreichend Energie zu haben, sich stark zu fühlen und mit allen Nährstoffen versorgt zu sein. Und das hatte nebenbei auch Auswirkungen auf alle anderen Lebensbereiche. Neben Kleinigkeiten wie gesunden langen Haaren, starken Nägeln und reiner Haut merkte ich auch in meiner Leistungsfähigkeit riesige Unterschiede. Die Schule beendete ich mit Bestnoten, in meinem Beruf bin ich fokussiert und am allerwichtigsten: Ich habe eine positive und ausgeglichene Art und Weise den Alltag anzugehen. Stress machen wir uns selbst und schlussendlich ist alles nur eine Frage der persönlichen Wahrnehmung. Aber das ist eher ein Thema für ein nächstes Buch.

ICH MÖCHTE MEIN ESSEN VERSTEHEN

Durch meinen starken Bezug zu Fitness und Vitalität sind für mich auch Werte wie Kalorien, Proteine und Ballaststoffe wichtig. Es ist keine Kontrolle, die eine negative Beziehung zur Nahrung aufbauen soll, sondern eine weitere Art und Weise, sein Essen zu verstehen. Zu wissen, was in ihm steckt, was es ausmacht und wie der Körper damit umgehen wird. Falls dir dieses Thema nicht so zusagt oder du zu einem »krankhaften« Verhältnis zu Essen neigst – schenke den Nährwertangaben einfach keine Beachtung. You do you! Schlussendlich ist die Qualität und Natürlichkeit der Nahrung entscheidend – alles andere ist zweitrangig.

WIESO BOWLS?

Jetzt bleibt mir nur noch, diese Frage zu beantworten. Eine Bowl ist eine Schale. Bei einem Bowl-Gericht wird die gesamte Mahlzeit in dieser einen Schale angerichtet. Dieser Trend kommt aus den USA, wurde aber ursprünglich durch den Buddhismus inspiriert. Man soll achtsam und bewusst aus einer Bowl essen. Wie oft passiert es im Alltag, dass man seine Mahlzeit fast schon runterschlingt und sich dabei gar nicht bewusst gemacht hat, wie sie riecht, schmeckt und sich im Mund anfühlt. Eine Bowl kann man mit beiden Händen halten, die Schwere der Schüssel und die Wärme der Speisen spüren. Eine Bowl ist immer eine Portion – man sieht sofort, wann die Bowl voll ist. Man kann das Essen nicht bis ins Unermessliche auftürmen, so wie man das auf einem Teller gerne macht. Die Zutaten in einer Bowl liegen nicht voneinander getrennt, sondern ihre Aromen vermischen und ergänzen sich. Auch das Auge isst mit und die Bowl ist der perfekte Ort, um Essen kreativ und appetitlich anzurichten. Der Genuss wird gesteigert, ein gutes Gefühl bleibt im Bauch zurück und schlussendlich dankt es einem die Verdauung.

Und jetzt viel Spaß beim Lesen, Kochen und Inspirieren lassen!

Lebensmittel- wissen

1

Seitdem Sport aus meinem Leben nicht mehr wegzudenken ist, setze ich mich auch stärker mit dem Thema Ernährung auseinander. Ich frage mich, was mein Körper tatsächlich braucht, um ausreichend Energie zu haben, sich stark zu fühlen und mit allen Nährstoffen versorgt zu sein. Ich möchte wissen und verstehen, was in meinem Essen steckt und wie mein Körper damit umgeht. Ich finde es unglaublich aufschlussreich, wie sich die Ernährung auch positiv auf die Leistungsfähigkeit, Konzentration und Stimmung auswirken kann. Daher ist eine bewusste Ernährungsweise nicht »nur« für die körperliche Gesundheit wichtig.

Auf den nächsten Seiten habe ich grundlegendes Basiswissen zusammengetragen, das einem verstehen hilft, was man da eigentlich isst – und was »gesund« überhaupt bedeutet. Egal, ob man sich gerade neu mit dem Thema Ernährung beschäftigt oder sich schon gut auskennt und sein Wissen nochmal auffrischen möchte – für jeden sollte etwas dabei sein. Dabei erhebe ich keinen Anspruch auf Vollständigkeit. Man lernt beim Thema gesunde Ernährung sowieso nie aus. Ich habe einfach die für mich wichtigsten Elemente zusammengetragen. Mit diesem Wissen fällt dann der erste Schritt zur Ernährungsumstellung gar nicht mehr so schwer und man ist auf dem besten Weg, Verantwortung für Körper, Geist und Wohlbefinden zu übernehmen. Ich bin gerne der Kapitän meines eigenen Schiffs – und ich hoffe, dass es dir in Zukunft genauso gehen wird.

OBST

....

Obst ist ein Sammelbegriff für verzehrbare Früchte und Samen, die wir meistens roh essen können. Sie wachsen in der Regel auf mehrjährigen Stauden, Bäumen und Sträuchern. Wie auch im Unterkapitel Gemüse erwähnt, werden einige Fruchtgemüsesorten wie Gurken, Tomaten oder Paprika aus botanischer Sicht eigentlich zum Obst gezählt, weil sie aus bestäubten Blüten entstehen. Unterscheiden kann man zwischen Süd-, Wild- und Zitrusfrüchten sowie Kern-, Stein-, Beeren- und Schalenobst.

Genau wie Gemüse enthält Obst viele Vitamine, Mineral- und Ballaststoffe und hat eine hohe Nährstoffdichte. Darüber hinaus zeichnet sich Obst durch den höheren Fruchtzuckergehalt und die enthaltenen Fruchtsäuren aus. Letztere aktivieren zusammen mit Aromastoffen auch unsere Verdauungssäfte.

Obst ist neben Gemüse die wichtigste Quelle für einen der bedeutsamsten Nährstoffe unseres Körpers: Vitamin C. Wir brauchen dieses Vitamin für unser Immunsystem, den Aufbau von Bindegewebe und eine bessere Aufnahme von Eisen. Der tägliche Bedarf an Vitamin C liegt bei ca. 100 mg und lässt sich schon fast mit dem Verzehr von zwei Orangen decken. Vitamin C ist ansonsten vor allem in Erdbeeren, Zitrusfrüchten und schwarzen Johannisbeeren enthalten.

Genau wie im Gemüse sind auch im Obst wertvolle sekundäre Pflanzenstoffe enthalten. Orangefarbenes Obst wie Aprikosen oder Papayas beinhalten beispielsweise den sekundären Pflanzenstoff Betacarotin. Dieser Naturfarbstoff wird im Körper in Vitamin A umgewandelt und erfüllt viele wichtige Funktionen, wie die Regulierung von Zellwachstum oder die Steuerung des Immunsystems. Betacarotin wirkt stark antioxidativ und bekämpft freie Radikale. Diese freien Radikale sind schädliche Verbindungen, die kontinuierlich und ganz natürlich durch Oxidation im Körper entstehen – vermehrt auch durch Stress, Rauchen, viel Belastung und eben das Altern. Im Übermaß schaden sie unseren Zellen, lassen uns schneller altern, begünstigen Entzündungen und Krankheiten. Antioxidanzien helfen uns dabei, mit diesen freien Radikalen fertigzuwerden und ein gesundes Gleichgewicht zu bewahren.

Manchmal stößt man beim Einkauf auf Obst, das noch sehr hart und unreif ist. Das ist kein Problem bei Obstsorten, die auch nach der Ernte noch nachreifen, wie z. B. Birnen, Kiwis, Mangos oder Pflaumen. Diese sollte man dann nicht zu kühl lagern – am besten bei Zimmertemperatur. Und um den Reifungsprozess zu beschleunigen, kann man das Obst neben Äpfel legen, um vom Reifegas Ethylen zu profitieren, das Pflanzen in ihrer Umgebung

Äpfel

unterstützen durch die vielen hochwirksamen sekundären Pflanzenstoffe viele Funktionen im Körper, u. a. die Darmflora, Lungen- und Gehirnfunktion. Sie können außerdem den Cholesterinspiegel senken und Herz-Kreislauf-Erkrankungen vorbeugen.

Bananen

regulieren durch das Spurenelement Kalium den Blutdruck und können somit Herzinfarkte und Arteriosklerose vorbeugen. Sie geben schnell Energie und sind damit bei Sportlern als Snack nicht nur vor dem Training sehr beliebt.

Beeren

sind meistens sehr zuckerarm. Sie sind generell sehr reich an Antioxidanzien und Vitaminen. Erdbeeren enthalten zum Beispiel besonders viel Vitamin C (ca. 60 mg / 100 g).

Birnen

sind eine der ballaststoffreichsten Obstsorten mit ca. 3,3 g / 100 g. Kalzium und Kalium sorgen für einen guten Stoffwechsel und helfen beim Entwässern. Sie enthalten weniger Fruchtsäure als Apfel und sind damit schonender für die Zähne.

Datteln

haben zwar viele Kalorien (ca. 280 kcal / 100 g), aber dafür so gut wie kein Fett und viel Vitamin C und B sowie Kalium, Eisen und Kalzium. Sie enthalten natürliche Süße und eignen sich als Ersatz für industriellen Zucker.

Feigen

enthalten wenig Säure und viele Ballaststoffe, damit fördern sie unsere Verdauung und helfen bei Verstopfungen. Sie gehören außerdem zu den basischsten Lebensmitteln.

Granatäpfel

sind kalorienarm (ca. 74 kcal / 100 g), enthalten die ungesättigte Fettsäure Punicinsäure und den sekundären Pflanzenstoff Punicalagin. Diese wirken entzündungshemmend und beugen Alzheimer vor.

Grapefruits

kurbeln durch Bitterstoffe die Fettverbrennung an und senken den Blutzuckerspiegel. Dadurch wird Diabetes vorgebeugt. Studien zeigen außerdem, dass durch Grapefruitsaft die Gewichtszunahme reduziert werden kann.

Kokosnüsse

zählen als Super-
food, denn sie
sind vitamin- und
mineralstoffreich.
Sie wirken antibak-
teriell, fördern die
Verdauung, verhin-
dern Dehydrierung
und sind reich an
Antioxidanzien.

Mangos

sind reich an Betacaro-
tin, Kalium, Vitamin A,
C und E. Die enthal-
tene Glutaminsäure
fördert unser Gedächt-
nis, indem sie unsere
Konzentration steigert
und unsere Nerven-
zellen stimuliert.

Orangen &
Mandarinen

sind vitaminreich und
schützen so Haut und
Haare. Der enthaltene
Wirkstoff Synephrin
senkt den Cholesterin-
spiegel und Ballaststof-
fe verhindern die Auf-
nahme von Cholesterin
im Darm.

Pfirsiche

sind sehr zuckerarm
(ca. 8,9 g/100 g) und
das Betacarotin unter-
stützt unsere Augen
und die Haut. Die
enthaltenen Enzyme
regulieren den Stoff-
wechsel und regen die
Verdauung an.

Pflaumen

gelten aufgrund der
wasserlöslichen Pflan-
zenstoffe als gesundes
Abführmittel. Man
sollte nicht zu viele
Pflaumen auf einmal
essen oder dazu etwas
trinken, denn dadurch
quellen Pektin und Zel-
lulose noch mehr auf
und man kann Blähun-
gen bekommen.

Trauben

enthalten den sekun-
dären Pflanzenstoff
Resveratrol, der die
Nerven schützt, den
Blutdruck senkt und
den Cholesterinspie-
gel reguliert. Er ist
vor allem in der Haut
von Trauben enthal-
ten und wird von der
Pflanze zum Schutz
vor Pilzen gebildet.

Wassermelonen

erweitern durch die Ami-
nosäure L-Citrullin die
Blutgefäße und verbes-
sern damit die Herz-
gesundheit. Der hohe
Fructosegehalt kann für
Blähungen sorgen, daher
sollte man Melonen lie-
ber nicht zusammen mit
anderen Dingen essen.

Zitronen

zeichnen sich durch
den hohen Vita-
min-C-Gehalt aus
(ca. 50 mg/100 g),
stärken dadurch
das Immunsystem,
schützen unsere Zel-
len und verhindern
Heißhungerattacken.

WO LAGERT MAN WELCHES OBST AM BESTEN?

KÜHLSCHRANK	ZIMMERTEMPERATUR	DUNKLE UND KÜHLE UMGEBUNG
Aprikosen, Erdbeeren, Feigen, Kiwis, Pflaumen, Trauben	Südfrüchte (wie Mango, Ananas, Bananen), Zitrusfrüchte	Äpfel, Birnen

zum Reifen anregt. Grundsätzlich gilt bei der Lagerung von Obst, dass man das heimische gerne kühl lagern kann, während exotisches Obst es eher warm mag.

QUICK-TIPP: In den Kernen beispielsweise von Wassermelonen und Weintrauben sind auch wertvolle Nährstoffe enthalten, also diese am besten einfach mitessen. Dass Pflanzen von Natur aus Kerne enthalten, ist ja auch eigentlich logisch. Für uns Menschen wird deren Bildung nur durch Züchtungen unterbunden.

Wie viel Obst und Gemüse sollte man pro Tag essen? Meiner Meinung nach kann es nie genug sein, »Angst« vor dem Fruchtzucker habe ich nicht. Generell spricht man aber von mindestens fünf Portionen Gemüse und Obst am Tag. Dabei sollte eine Portion in die eigene Hand passen und ist daher leicht abzumessen. Wer Probleme damit hat, diese Menge zu erreichen, dem kann ich den Verzehr von Smoothies empfehlen. Entweder mit frischem oder gefrorenem Obst oder Gemüse selbst zusammengemixt oder in Form einer Smoothie-Bowl, für die ihr einige Rezep-

te im gleichnamigen Kapitel in diesem Buch findet. Möchte man für etwas Abwechslung sorgen, einfach Früchte kurz in einer Pfanne mit Gewürzen wie beispielsweise Zimt anbraten, mit Gemüse kombinieren oder roh und frisch genießen.

Einige Obstsorten wie z. B. Bananen, Ananas oder Mangos haben einen hohen, natürlichen Zuckergehalt. Dieser Fruchtzucker ist aber nicht mit industriellem Zucker gleichzusetzen, da eine Frucht noch eine große Ladung an wertvollen Enzymen, Vitaminen und Mineralien mit sich bringt. Trotzdem können sich Früchte je nach Zuckergehalt auch stark auf den Blutzuckerspiegel auswirken. Ich sehe Obst als gesunde »Süßigkeiten« der Natur und esse sie am liebsten als Snack zwischendurch.

INFO: In den Zellen von Gemüse und Obst sind Mineralstoffe fest verankert. Durch das Mixen oder Pürieren werden die Zellwände aufgebrochen und wir können diese Mineralstoffe in unserer Verdauung besser verwerten. Selbst gepresste Säfte, Smoothies oder Smoothie-Bowls machen sich diesen Vorteil zunutze.

GEMÜSE

....

Gemüse ist ein Sammelbegriff für essbare Pflanzenteile oder komplette Pflanzen. Im Gegensatz zu Obst, das man meistens mehrere Jahre von der gleichen Pflanze ernten kann, wird Gemüse in der Regel nur ein- oder zweimal im Jahr geerntet und muss dann wieder neu gesät oder gepflanzt werden. Man unterscheidet Gemüse meistens danach, welche Pflanzenteile man verwendet, wie beispielsweise Blätter, Früchte, Blüten, Knollen, Zwiebeln, Sprossen, Stängel oder Wurzeln. Außerdem kann man zu Gemüse auch Kräuter und Speisepilze zählen. Dabei sind die Definitionen jedoch nicht ganz eindeutig, weil z. B. Pilze streng genommen eine eigene Lebensform darstellen. Einige Fruchtgemüsesorten wie Gurken, Tomaten oder Paprika werden aus botanischer Sicht eigentlich zum Obst gezählt.

Wir lernen schon als Kind, dass Gemüse sehr gesund ist. Doch warum eigentlich? Gemüse hat vor allem im Vergleich zu anderen Lebensmitteln die höchste Dichte an Nährstoffen. Deswegen sollte bei einer ausgewogenen und gesunden Ernährung Gemüse den Hauptbestandteil einer Mahlzeit ausmachen. Meine Rezepte in diesem Buch basieren hauptsächlich auf Gemüse: Daher ist es schon mal eine gute Grundlage, wenn man täglich ein Bowl-Rezept in seinen Speiseplan integriert. Gemüse hat einen hohen Wasseranteil von 75 bis 95 % und dadurch wenig Kalorien. Durch den geringen Energiegehalt und den hohen Ballaststoffwert beugt der tägliche Verzehr von Gemüse Übergewicht und auch anderen Krankheiten vor. Gemüse ist zudem reich an Vitaminen und Mineralstoffen. Da unser Körper diese nicht selbst herstellen kann, müssen wir sie über die Nahrung aufnehmen – das bedeutet: Sie sind »essenziell«. Die im Gemüse enthaltenen Ballaststoffe werden von uns nur zum Teil verdaut. Doch Ballaststoffe sind nicht, wie der Name vermuten lassen könnte, unnötiger Ballast für unseren Körper. Es sind Pflanzenfasern, die Schadstoffe binden, unsere Verdauung in Schwung bringen und den Darminhalt vergrößern. Konkret heißt das: Sie quellen auf und machen uns lange satt. Außerdem haben diese Pflanzenfasern einen positiven Einfluss auf den Cholesterin- und Blutzuckerspiegel. Heutzutage nimmt die Mehrheit der Bevölkerung viel zu wenige Ballaststoffe zu sich. Dadurch wird der Darm eben träge und schnell kommt es zu Verstopfung. Man sollte versuchen, mindestens 30 g Ballaststoffe täglich zu sich zu nehmen: am besten über den Verzehr von Gemüse, Obst und Vollkornprodukten. Isst man beispielsweise einen Apfel, nimmt man ca. 3 g Ballaststoffe zu sich, bei einer Scheibe Vollkornbrot sind es ca. 6–7 g.

Avocados

haben einen sehr hohen Fettgehalt; das Fett besteht jedoch größtenteils aus gesunden, ungesättigten Fettsäuren. Diese machen satt und sorgen für ein schönes Hautbild. Sie enthalten viel Kalium und sekundäre Pflanzenstoffe.

Brokkoli

enthält sehr viele Vitamine, Mineralstoffe und sekundäre Pflanzenstoffe. Das darin vorkommende Kaempferol wirkt sehr entzündungshemmend und kann so Krankheiten vorbeugen.

Gurken

wirken entgiftend und feuchtigkeitsspendend. Das enthaltene Enzym Peptidase sorgt für eine bessere Verdauung – genau wie die unlöslichen Ballaststoffe, aus denen Gurken neben Wasser hauptsächlich bestehen.

Karotten

sind bekannt für den hohen Gehalt an Betacarotinoiden, die sie orange färben und aus denen der Körper Vitamin A herstellt. Die Hautgesundheit wird unterstützt und frühzeitige Hautalterung vorgebeugt.

Kartoffeln & Süßkartoffeln

enthalten neben Mineralstoffen wie Kalium auch hochwertiges Eiweiß. Süßkartoffeln haben mehr Ballaststoffe und Vitamin A und E als normale Kartoffeln. Dafür ist die Kartoffel bei uns heimisch.

Kürbisse

stärken unser Immunsystem und wirken antioxidativ. Die essenzielle Aminosäure Tryptophan in den Kernen hilft bei der Glückshormon-Produktion. Kürbiskernöl unterstützt Blase und Prostata.

Linsen, Erbsen & Bohnen

enthalten im Trockenzustand mehr Proteine als Fleisch und sind somit vor allem für Vegetarier ein wichtiger Eiweißlieferant. Der hohe Gehalt an Ballaststoffen, Kalium und Magnesium sorgt für eine positive Blutdruckregulierung.

Paprika

enthalten viele Vitamine. Eine rote Paprika deckt den Tagesbedarf an Vitamin C (ca. 100 mg), der vor Erkrankungen schützt und die Augen stärkt. Dafür sorgen auch die enthaltenen Carotinoide.

Pilze

enthalten meistens viel Eiweiß (z. B. Steinpilz ca. 5,5 %) und Eisen. 100 g Pfifferlinge decken mit ca. 6,5 mg beispielsweise die Hälfte des täglichen Eisenbedarfs.

Radieschen

wirken durch das enthaltene Senföl antibakteriell, entzündungshemmend, antibiotisch und verleihen Gerichten eine würzige Schärfe. Studien sagen dem Senföl sogar eine heilende Wirkung gegen Krebs nach.

Rote Beten

enthalten Nitrate, die den Blutdruck senken und die Ausdauer fördern. Deswegen sind sie für Sportler sehr interessant. Rote Bete wirkt antioxidativ und entzündungshemmend aufgrund der enthaltenen Betalainen.

Salate

bestehen hauptsächlich aus Wasser und Ballaststoffen und haben kaum Kalorien. Vor allem Feldsalat ist vitamin- und mineralstoffreich. Die Bitterstoffe wie z. B. in Chicorée sind verdauungsfördernd und stärken die Abwehrkräfte.

Spinat

ist reich an Mineralstoffen und lebensnotwendigen Vitaminen. Er ist kalorienarm, reich an Ballaststoffen und Antioxidanzien. Somit unterstützt er die Verdauung und beugt Alterungsprozesse vor. Dass er besonders viel Eisen enthält, ist ein Mythos.

Tomaten

sind besonders reich an Vitamin C und Vitamin B, das die Konzentration fördert. Einer der wichtigsten Stoffe in Tomaten ist der sekundäre Pflanzenstoff Lycopin. Er schützt vor Herzerkrankungen und Arteriosklerose.

Zucchinis

gehören zur Familie der Kürbisgewächse. Sie enthalten Magnesium, Kalium, Folsäure und viele weitere gesunde Inhaltsstoffe. Eine kleine Zucchini deckt bereits mehr als ein Drittel der empfohlenen Tagesdosis von Vitamin C.

Zwiebeln & Knoblauch

haben einen hohen Gehalt an antioxidativen Schwefelverbindungen, die für den Geruch und die Schärfe sorgen und bei Fettverbrennung und Blutdruckregulierung unterstützen.

> ▸ Beim Dünsten wird das Gemüse mit wenig Flüssigkeit im eigenen Saft gegart.

> ▸ Dämpfen bedeutet, dass Gemüse nur mit Wasserdampf gegart wird, z. B. in einem Dämpfeinsatz über kochendem Wasser.

> ▸ Wenn man Gemüse vorgart, indem man es kurz in heißes, kochendes Wasser gibt und anschließend eiskalt abschreckt, nennt man das »blanchieren«.

Bei der Auswahl von Gemüse und auch Obst achte ich darauf, möglichst verschiedenfarbige Sorten zu verwenden. Verantwortlich für die Farben in den Pflanzen sind die darin enthaltenen sekundären Pflanzenstoffe. Von diesen sind über 100.000 bekannt, die in der Pflanze für verschiedene Dinge wie Aussehen, Wachstum, Geruch oder Schutz vor Schädlingen verantwortlich sind. Sekundäre Pflanzenstoffe sind für uns zwar nicht lebensnotwendig, haben aber trotzdem positive Auswirkungen auf unseren Körper. Sie können z. B. das Risiko für einige Krankheiten senken, den Cholesterinspiegel positiv beeinflussen, unsere Blutgefäße unterstützen sowie antibakteriell und entzündungshemmend wirken.

Damit Gemüse auf Dauer nicht langweilig ist oder immer gleich schmeckt, kann man beim Würzen immer mal wieder variieren, oder man bereitet es einfach auf unterschiedliche Arten zu. Was ist bei der Zubereitung von Gemüse zu beachten? Es sollte möglichst nicht mit zu hoher Temperatur gekocht werden, damit die Nährstoffe und Vitamine weitestgehend

erhalten bleiben. Abgesehen vom Geschmack sollte man Blattsalate dagegen gar nicht kochen, weil sie sehr hitzeempfindlich sind und sonst alle gesunden Inhaltsstoffe verloren gehen. Beim Dünsten, Dämpfen oder auch Blanchieren bleiben am meisten Nährstoffe erhalten. Das Gemüse wird dabei sehr schonend behandelt und man hat den größten positiven Gesundheitseffekt. Ich mag es auch, mein Gemüse kurz in der Pfanne anzubraten oder im Ofen zu garen. Dabei können nämlich leckere Röstaromen entstehen.

Einige Gemüsearten müssen unbedingt gekocht werden, weil sie im rohen Zustand gesundheitsgefährdend sein können. So enthalten z. B. Kartoffeln oder auch unreife Auberginen das Naturgift Solanin. Das ist in großen Mengen giftig für uns Menschen und kann beim Kochen von Gemüse reduziert werden. Aus diesem Grund soll man auch grüne Stellen und Keime an Kartoffeln wegschneiden oder den Verzehr von unreifen und noch grünen Tomaten meiden. Wenn ich unterwegs bin, liebe ich es, knackige Gemüsesticks aus

Karotten, Paprika und Gurken mitzunehmen. Fertig gewaschen und geschnitten transportiere ich sie in einem Edelstahlbehälter.

Vor allem bei rohem Gemüse, aber auch grundsätzlich, empfehle ich den Kauf von Bio-Gemüse, weil man dabei mit weniger Pestizidbelastung rechnen kann. Die meisten Vitamine stecken ja bekanntlich in der Schale: Bei Bio-Gemüse lasse ich essbare Schalen einfach dran und esse sie mit.

Um möglichst lange was von seinem Gemüse zu haben, sollte man auf die richtige Lagerung achten. Die meisten Gemüsesorten kann man problemlos im Kühlschrank aufbewahren. Dabei verlangsamen sich ihre Stoffwechselprozesse und sie bleiben länger frisch. Gemüsearten mit hohem Wasseranteil hingegen reagieren empfindlich auf Kälte, verlieren schnell ihr Aroma und sollten deswegen nicht im Kühlschrank gelagert werden. Auch Gemüse und Obst aus warmen Gebieten – wie zum Beispiel Avocados oder Bananen – mögen es nicht so gerne kalt. Zwiebeln und Knoblauch können durch die Feuchtigkeit im Kühlschrank schneller schimmeln.

In der Regel gilt: Je länger Gemüse lagert, desto mehr Nährstoffe, Vitamine und Aromen gehen verloren. Also am besten den Einkauf clever planen.

Möchte man Gemüse länger aufbewahren, kann man die meisten Sorten auch einfrieren. Dazu sollte man das Gemüse waschen und blanchieren. Durch das Blanchieren bleiben die Inhaltsstoffe, die Farbe und der Geschmack länger erhalten.

LAGERUNG UND KONSERVIERUNG VON GEMÜSE: DOS AND DON'TS

KÜHLSCHRANK	ZIMMER-TEMPERATUR	DUNKLE UND KÜHLE UMGEBUNG	NICHT EINFRIEREN!
Blumenkohl, Brokkoli, Eisbergsalat, Erbsen, Frühlingszwiebeln, Karotten, Kohl, Kohlrabi, Kopfsalat, Pilze, Radieschen, Spargel, Spinat	Avocados, Bohnen, Gurken, Paprika, Tomaten, Zucchini	Auberginen, Kartoffeln, Knoblauch, Kürbis, Zwiebeln	Artischocken, Radieschen, Sprossen, wasserhaltiges Gemüse (Salat, Gurke etc.), Zwiebeln

KRÄUTER & GEWÜRZE

G ewürze bestehen vorwiegend aus getrockneten Pflanzen bzw. Pflanzenteilen wie Rinde (z. B. Zimt), Wurzeln (z. B. Knoblauch), Samen (z. B. Muskatnuss) und Früchten (z. B. Pfeffer, Vanille). Kräuter gibt es in getrockneter und frischer Form, einige von ihnen zählen auch zu den Gewürzen. Grund für den intensiveren Geschmack und Geruch von Gewürzen sind die enthaltenen ätherischen Öle. Sie können den Appetit und die Verdauung anregen und schwache Aromen verstärken und ergänzen.

Der Einsatz von Kräutern und Gewürzen bei der Veredelung von Gerichten aller Art wird meiner Meinung nach unterschätzt. Sie verleihen Gerichten das gewisse Etwas und runden sie ab. Darüber hinaus sind sie gesund – nicht umsonst werden sie schon seit Jahrhunderten in der Medizin verwendet. Kräuter wie Kümmel, Majoran oder Fenchelsamen verbessern die Verträglichkeit beispielsweise von Hülsenfrüchten und werden gegen Bauchschmerzen und Blähungen eingesetzt. Petersilie beugt Blasen- und Nierensteinen vor, fördert die Blutbildung und reguliert die Verdauung.
In wärmeren Ländern werden Gewürze oft häufiger und intensiver verwendet. Grund dafür könnte sein, dass Gewürze auch zum Konservieren und Haltbarmachen dienen und wegen der hohen Luftfeuchtigkeit Lebensmittel in früheren Jahren verstärkt konserviert werden mussten. Zimt ist zum Beispiel gut gegen Schimmel, und gegen Kolibakterien können Nelke und Knoblauch helfen. Das Capsaicin in Chili und Paprika verhindert Bakterienwachstum.

TIPP:
Gewürze und getrocknete Kräuter sollten dunkel und in verschlossenen Gefäßen gelagert werden, weil sie durch Licht an Farbe und Geschmack verlieren. Bei der Zubereitung mit frischen Kräutern ist es gut zu wissen, dass man umso mehr ätherische Öle freisetzt, je feiner man sie hackt. Man sollte sie nach dem Schneiden so schnell wie möglich verwenden, damit die ätherischen Öle nicht verfliegen.

INFO:
Streng genommen ist Salz ein Mineral, kein Gewürz. Es ist lebensnotwendig, wird aber oft mit Wassereinlagerungen in Verbindung gebracht. Doch Salz ist nicht gleich Salz! In Industrieprodukten wird oft günstiges Jod- oder Tafelsalz benutzt. Diesen fehlen Mineralien, die der Körper braucht, um das Salz richtig zu verarbeiten. Deshalb sagt man, dass mit echtem Meersalz oder Himalaya-Salz Wassereinlagerungen oder andere negative Konsequenzen nicht zu befürchten sind.

GETREIDE & PSEUDOGETREIDE

....

Getreide ist ein Sammelbegriff für Süßgräserpflanzen, deren Samenkörner wir als Lebensmittel verwenden. Diese Körner werden ebenfalls als Getreide bezeichnet. Mais, Weizen und Reis, die drei Getreidesorten, die am häufigsten angebaut werden, spielen eine große Rolle dabei, die Weltbevölkerung zu ernähren. Sie zählen zu den ältesten Nahrungsmitteln. Man setzt sie u. a. für die Herstellung von Brot, Müsli, Kuchen, Kaffee, Bier, Spirituosen und Tierfutter ein.

Getreide besteht hauptsächlich aus Stärke und hat insgesamt einen hohen Nährwert. Es enthält viele Ballaststoffe, Kohlenhydrate, Vitamine und Kalzium. Um diese wertvollen Inhaltsstoffe so gut wie möglich zu nutzen, empfehle ich den Verzehr von frischen Vollkornprodukten. Im Gegensatz zum häufig verwendeten Weizenmehl Type 405 werden bei der Herstellung von Vollkornmehl sowohl der Keim als auch die Hülle vom Korn vermahlen. Diese Randschichten enthalten beispielsweise Eisen, Magnesium, Vitamin B_1 und Ballaststoffe. Besitzt man einen Hochleistungsmixer, kann man sich zu Hause auch aus den Körnern selbst frisches Mehl mahlen. Ansonsten stellen viele Biomärkte auch Mühlen zur Verfügung, mit denen man das Mehl frisch beim Kauf mahlen kann – das hat meine Mama immer so gemacht, wenn sie für uns Brot gebacken hat. Seit letztem Weihnachten steht eine eigene Getreidemühle in unserer Küche.

Im Laufe der Jahre wurde Getreide durch Züchtungen und Kreuzungen durch uns Menschen immer weiter verändert und manipuliert. Das Getreide sollte weitestgehend resistent gegen Schädlinge und Außeneinwirkungen sein, möglichst viel Ernteertrag einbringen und dafür große Samenkörner besitzen. Auch beim Backen werden immer zeitsparendere Methoden angewandt. Es gibt zunehmend mehr Menschen, die allergisch oder sensibel auf glutenhaltige Lebensmittel reagieren. Für die Betroffenen sind die Kulturpflanzen von Pseudogetreide eine echte Alternative. Pseudogetreide meint Körnerfrüchte von Pflanzenarten, die nicht zur Süßgräser-Familie gehören. Zu ihnen zählen beispielsweise Amarant, Quinoa, Buchweizen und Hanf. Sie ähneln Getreide in ihrem Aussehen und ihren wertvollen Inhaltsstoffen, enthalten jedoch kein Gluten. Dadurch haben sie keine Eigenbackfähigkeit. Das heißt: Man kann aus ihnen alleine keinen Laib Brot herstellen.

Buchweizen

zählt zum Pseudo-
getreide und enthält gut
10 g Eiweiß in 100 g,
das zudem besonders
gut im Körper verwertet
wird. Er kann Diabetes
vorbeugen und unsere
Blutzuckerwerte positiv
beeinflussen.

Dinkel

ist leichter verträglich
bei Nahrungsmittel-
allergien, hat ein
leicht nussiges Aroma
und mehr Vitamine
und Mineralstoffe als
Weizen. Die enthaltene
Kieselsäure wirkt sich
positiv auf Haut, Haare
und Nägel aus.

Hafer

hat eine sehr gute Nähr-
stoffbilanz und von allen
Getreidesorten am meisten
Vitamin B_1 (590 µg/100 g)
sowie B_6 (160 µg/100 g).
Spezielle Ballaststoffe verhindern den Anstieg des
Blutzucker- und Cholester-
inspiegels und sättigen für
lange Zeit.

Mais

kommt ursprünglich
aus Mexiko und enthält
viele Vitamine und Mi-
neralstoffe. Bereits ca.
34 % unseres täglichen
Magnesiumbedarfs
können wir mit 100 g
Mais decken. Er ist
zudem glutenfrei.

Quinoa

ist ein echtes Super-
food, weil es mehr
Mineralien als übliche
Getreidesorten hat,
z. B. mit ca. 8 mg Eisen
auf 100 g fast doppelt
so viel wie Weizen.
Quinoa besitzt hoch-
wertiges Eiweiß (ca.
14 g/100 g).

Reis

gibt es in mehr als
100.000 Sorten. Natur-
reis liefert viel Magne-
sium, das den Abbau
von Stress unterstützt.
Reis ist teilweise mit
Arsen belastet. Um das
zu reduzieren, sollte
man ihn vor dem Ko-
chen gut abwaschen.

Roggen

ist reich an dem
Eiweißbaustein Lysin,
das gesund für unsere
Blutgefäße ist. Durch
den hohen Anteil an
Ballaststoffen hält
Roggen lange satt und
wirkt sich positiv auf
den Cholesterin- und
Blutzuckerspiegel aus.

Weizen

ist meist als Grundlage
für Weißbrot bekannt.
Dabei handelt es sich um
einfache oder auch »leere«
Kohlenhydrate, die nega-
tive Auswirkungen auf den
Blutzuckerspiegel haben.
Neben Weißmehl ist Wei-
zen auch als Vollkornmehl
erhältlich.

HÜLSENFRÜCHTE

Hülsenfrüchte sind Pflanzen und Samen, die in Hülsen herangereift sind und zur Familie der Hülsenfrüchtler oder auch Leguminosen gehören. Am bekanntesten sind Bohnen, Erbsen, Kichererbsen, Linsen, Soja und Lupinen. Auch Erdnüsse gehören aus botanischer Sicht zu den Hülsenfrüchten. Hülsenfrüchte enthalten – im Trockenzustand – mehr Proteine als Fleisch oder jedes andere pflanzliche Lebensmittel und sind somit vor allem für Vegetarier und Veganer ein wichtiger Eiweißlieferant. Ihre Proteine haben eine hohe biologische Wertigkeit, enthalten aber – wenn man sie ausschließlich verzehrt – nicht alle Aminosäuren (siehe Seite 50, Proteine). Vor allem machen Hülsenfrüchte richtig satt, denn sie enthalten neben Kohlenhydraten bis zu 20% Ballaststoffe (im getrockneten Zustand). Dieser hohe Gehalt an Ballaststoffen sorgt dafür, dass sie langsamer verdaut werden und der Blutzuckerspiegel relativ konstant bleibt. Auch die enthaltenen Mineralstoffe wie Eisen, Kalium und Magnesium wirken sich positiv auf die Gesundheit aus.

Man kann Hülsenfrüchte nicht nur als Gemüsebeilage verwenden, sondern auch z. B. als Suppe, Püree oder Brotaufstrich. Außerdem lassen sie sich zu Mehl oder Nudeln verarbeiten. Neben Proteinen, Kohlenhydraten und Ballaststoffen stecken weniger als 1 g Fett pro 100 g in ihnen. Eine Ausnahme sind Sojabohnen, die ca. 5 g Fett haben. Man kann Sojabohnen nicht nur zu Sojadrinks, sondern unter anderem auch zu Öl, Mehl, Soße, Paste, Tofu, Tempeh oder anderen Fleischersatzprodukten weiterverarbeiten. Sie gehören aufgrund ihrer vielseitigen Anwendungsmöglichkeiten zu den gängigsten Hülsenfrüchten. Ich habe in diesem Rezeptbuch allerdings weder Soja noch Produkte wie Tofu verwendet, da ich sie aus vielen Gründen nicht esse. Ca. 80% aller Sojabohnen auf der Welt werden zu günstigem Tierfutter verarbeitet und das verlangt natürlich enorm viel Ackerfläche, für die Wälder gerodet werden müssen. Ebenfalls 80 % vom weltweit erhältlichen Soja wurde durch Gentechnik verändert. Es enthält zudem pflanzliche Östrogene, die Isoflavone, die an unsere Hormonrezeptoren im Körper andocken und so unseren empfindlichen Hormonhaushalt stören können.

WAS MAN WISSEN SOLLTE

Hülsenfrüchte dürfen nicht roh gegessen werden, weil sie schädliche und teils giftige Bestandteile enthalten, die erst beim Erhitzen zerstört werden. Um sie besser verdauen zu können, kann man die getrockneten Hülsenfrüchte entweder keimen lassen oder vor dem Kochen lange einweichen. Je länger man sie einweichen lässt, desto besser. Denn dadurch verkürzt sich die Kochzeit, Mineralstoffe können besser aufgenommen werden und sie sind bekömmlicher, da sich unverdauliche Kohlenhydrate lösen. Linsen und geschälte Erbsen können ohne Einweichen direkt gekocht werden. Generell sind geschälte Hülsenfrüchte leichter verdaulich. Vor dem Einweichen sollte man Hülsenfrüchte in einem Sieb unter fließendem Wasser abspülen. Dann in ein Glas oder einen Topf geben und anschließend die dreifache Menge an Wasser hinzufügen. Mit einem Deckel oder Tuch abdecken und für rund 12 Stunden oder über Nacht bei Zimmertemperatur einweichen lassen. Danach das Einweichwasser abgießen, da es unverdauliche Kohlenhydrate enthält. Die Hülsenfrüchte nochmals unter fließendem Wasser abspülen und schlussendlich nach Packungsempfehlung kochen. Kichererbsen kann man vor der Verarbeitung schälen, dann schmecken die Gerichte noch cremiger und feiner. Dazu rollt man die Kichererbsen in einer Schüssel voll Wasser zwischen beiden Handflächen hin und her und schöpft die oben schwimmenden Schalen einfach ab.

Hülsenfrüchte wie Erbsen, Kichererbsen und rote Linsen habe ich genau wie Reis und das Pseudogetreide Quinoa immer auf Vorrat.

FISCH

....

Fisch ist klassischerweise für die menschliche Ernährung ein wichtiger Proteinlieferant. Mittlerweile decken wir ca. 17 % unseres Eiweißbedarfs über Fisch ab, Tendenz steigend. Fisch hat einige wertvolle Inhaltsstoffe, wie beispielsweise den Eiweißbaustein Tryptophan, der das Hormon Serotonin bildet, das glücklich macht und Herz-Kreislauf-Erkrankungen vorbeugen kann. Und Fisch ist vor allem auch für seinen Gehalt an Omega-3-Fettsäuren bekannt. Diese beugen Entzündungen und Erkrankungen wie Herzinfarkt und Bluthochdruck vor. Doch obwohl Fisch so gesund ist, kann der Verzehr mit einigen Problemen verbunden sein.

Experten warnen vor einer immer höher werdenden Belastung durch Mikroplastik und Schwermetalle wie Quecksilber. Fische, die weiter oben in der Nahrungskette stehen, haben dabei eine besonders hohe Giftstoffbelastung. Wirft man einen Blick auf eine Sushi-Speisekarte, machen Lachs, Shrimps und Thunfisch dort gefühlt 90 % aus. Diese Fischsorten sind schon länger zum Trend geworden – nicht ohne Folgen: Durch den hohen Bedarf gerade an diesen Fischarten werden die Meere gnadenlos überfischt. Laut dem Living Planet Report 2018 von WWF hat sich die Fisch- und Meerestierpopulation innerhalb von 44 Jahren weltweit mehr als halbiert. Im Meer gibt es jedoch noch eine Vielzahl anderer Fische und Lebewesen, die nicht so bekannt oder »sexy«

sind, wie z. B. Heringe, Muscheln, Seetang oder Algen. Wegen der Überfischung und der steigenden Nachfrage werden immer mehr Fische in der sogenannten Aquakultur gezüchtet. Bei der ersten Betrachtung scheint das eine gute Lösung zu sein. Aber diese hat auch Schattenseiten. Denn Fische müssen ähnlich wie bei der Massentierhaltung an Land auf engstem Raum leben, wodurch sich Krankheiten viel schneller verbreiten. In einigen Ländern werden dem Futter daher Medikamente wie Antibiotika zugesetzt. Um Platz für die Fischfarmen zu schaffen, werden zudem großflächig Wälder abgeholzt. Die meisten Zuchtsorten (z. B. Thunfisch und Lachs) sind Fleischfresser. Ihr Futter muss weiterhin im Meer gefangen werden. Dies wiederum fördert die Überfischung. Eine Alternative stellt die ökologische Aquakultur dar, die sich verpflichtet, umweltschonende Zuchtmethoden zu verwenden. Und zu guter Letzt ist die Fischerei-Industrie für über eine Million Tonnen an Plastikverschmutzung in den Meeren verantwortlich.

Für mich persönlich ist der Geschmack von Fisch kein Muss. Deshalb und wegen der genannten Problematiken habe ich mich dazu entschieden, keinen oder nur noch sehr wenig und selten Fisch zu konsumieren. Ich kann aber grundsätzlich nur empfehlen, beim Einkauf auf nachhaltigen Fischfang oder Bio-Siegel zu achten und nicht zu oft die Trend-Fischarten zu wählen.

FLEISCH

Fleisch kann von Tieren, die zum Schlachten gezüchtet werden, wie Rind, Schwein, Schaf, Ziege, Hühnchen und Pute, stammen oder von Wildtieren wie beispielsweise Reh oder Wildschwein. In anderen Ländern und Kulturkreisen werden auch Tiere wie Bison, Büffel oder Rentier verzehrt. Fleisch liefert sehr viel Eiweiß (z. B. Putenfleisch ca. 23 g / 100 g), das genau wie das enthaltene Eisen eine hohe Bioverfügbarkeit hat und dadurch von uns Menschen gut aufgenommen werden kann. Außerdem sind in Fleisch Vitamine (u. a. A, B und D) und Mineralstoffe wie Natrium, Zink und Kalium enthalten.

Vor allem in den letzten Jahren ist das Thema Fleischkonsum vermehrt diskutiert worden: Wir kennen alle die Problematik der Massentierhaltung. Mittlerweile ist auch erwiesen, dass der Fleischkonsum in Industrieländern mit dem Klimawandel direkt zusammenhängt. Denn die Viehzucht verursacht mehr CO_2-Emissionen, als der weltweite Verkehr mit Autos, Schiffen und Flugzeugen. Auch der große Bedarf von Soja als Futtermittel führt zu einem vermehrten Ausstoß von Treibhausgasen. Die Abholzung von Urwäldern, auf denen Sojafelder angebaut oder Viehweiden angelegt werden, ist ebenfalls eine direkte Folge.

Ich persönlich ernähre mich nicht ausschließlich vegetarisch oder vegan, schließe jedoch eine Ernährungsweise ohne tierische Produkte für mich nicht aus. Ich versuche, mich bewusst zu einem sehr großen Teil pflanzlich zu ernähren, und bin mir der Folgen von häufigem Fleischkonsum bewusst. Wenn ich Fleisch kaufe, dann nur in unverarbeiteter Form und in hochwertiger Bio-Qualität. Also lieber ein Stück reines Hähnchenbrustfilet als eine verarbeitete Lyoner oder Salami. Außerdem sollten die Tiere Zugang zu freien Feldern haben, nur mit biologischer Nahrung gefüttert und nicht mit Medikamenten »vollgestopft« werden. Natürlich kostet dieses Fleisch dann mehr, aber ich finde, Qualität hat ihren Preis und man sollte nicht an dieser Stelle sparen. Vielleicht motiviert das auch, Fleisch tatsächlich wieder als »Sonntags«-Braten zu sehen und nicht jeden Tag zu konsumieren.

Meiner persönlichen Erfahrung nach dauert es meistens eine Weile, bis man eine Mahlzeit ohne Fleisch oder Fisch als »komplett« ansieht. Bis vor einem Jahr war das für mich nämlich auch noch so, doch mittlerweile hat sich das geändert. Selbst eine Mahlzeit aus Gemüse, Getreide oder Früchten kann »vollständig« sein. Aber diesem Prozess muss man Zeit geben. Mit Kreativität und leckeren Rezepten vermisst man den täglichen Konsum von tierischen Produkten garantiert nicht mehr – versprochen.

MILCH & ALTERNATIVEN

....

Milch wird von zuvor trächtigen Säugetieren gewonnen. In Europa wird darunter allgemein die Milch von Kühen verstanden, wenn keine andere Tierart angegeben wird. Die Tiermilch wird aufbereitet und je nach Fettgehalt in Rohmilch (unbehandelt und frisch), Vorzugsmilch, Vollmilch (mind. 3,5 % Fett), teilentrahmte oder fettarme Milch (1,5–1,8 % Fett) und entrahmte Milch oder Magermilch (maximal 0,5 % Fett) unterteilt. Kuhmilch besteht zu ca. 87 % aus Wasser und liefert neben Milcheiweiß, Fett und Kohlenhydraten auch essenzielle Aminosäuren, Vitamine und Mineralstoffe sowie vor allem Kalzium (ca. 120 mg / 100 g). Milch ist auch die Basis für viele weitere Produkte wie Käse, Joghurt, Sahne und Butter. Jedes Jahr werden in Europa pro Person durchschnittlich ca. 90 kg Milch und Milchprodukte verzehrt.

Kühe können jeden Tag bis zu 50 l Milch geben. Das ist ein Ergebnis jahrelanger Zucht, denn die ursprüngliche Kuh war nur in der Lage, 10 l Milch zu produzieren. Hieran erkennt man auch die zunehmende Industrialisierung der Milchproduktion, die auf einen möglichst hohen Milchertrag abzielt. Kühe werden dabei oftmals in Massen gehalten und mit Kraftfutter statt Gras gefüttert. Um Milch produzieren zu können, müssen Kühe Kälber gebären, die ihnen nach der Geburt weggenommen werden. Nur wenige Monate später werden die Kühe wieder künstlich besamt und sind somit fast ununterbrochen schwanger. Nach vier bis fünf Jahren werden sie geschlachtet.

Eine Alternative zur Kuhmilch stellen pflanzliche Drinks dar, die hauptsächlich aus Wasser bestehen und nicht so nährstoffreich, dafür aber laktose- und milcheiweißfrei sind. Bis auf Kokosmilch dürfen die pflanzlichen Milchalternativen in Deutschland nicht als »Milch« deklariert werden, sondern nur als »Drink«. Ich konsumiere tierische Milchprodukte schon länger so gut wie gar nicht mehr. Deswegen kommen sie in meinen Rezepten nur äußerst selten vor. Ich bin der Meinung, dass die Muttermilch der Kuh ausschließlich für Kälber gedacht ist und die enthaltenen Hormone nichts in unserem Körper zu suchen haben. Außerdem schmecken mir pflanzliche Drinks viel besser und auch für Milchprodukte wie Käse, Joghurt und Sahne gibt es mittlerweile gute Alternativen.

TIPP:
Pflanzendrink zu Hause herstellen: 50–100 g Getreide (z. B. Hafer) oder Nüsse (z. B. Mandeln) über Nacht in lauwarmem Wasser einweichen. Anschließend mithilfe eines Hochleistungsmixers mit 1 l frischem Wasser mixen, durch einen Nussbeutel oder ein Leinentuch pressen und im Kühlschrank lagern.

Dinkeldrink

schmeckt intensiv nach Getreide. Das passt gerade bei Frühstücks-gerichten wie Müsli oder Porridge gut. Er ist glutenhaltig.

Haferdrink

hat einen süßlichen Geschmack und ist gut zum Kochen oder Backen geeignet.

Hanfdrink

wird aus geschälten Hanfsamen (Pseudo-getreide) gewonnen. 500 ml decken den Tagesbedarf an Ome-ga-3-Fettsäuren. Er ist jedoch relativ selten in den Einkaufsregalen zu finden

Haselnussdrink

ist durch den nussigen Geschmack auch gut als Grundlage für selbst gemachten Kakao geeignet.

Kokosmilch

gibt es in einer cre-migen, dickflüssigen Variante mit hohem Fettanteil (14–20 %) und als leichteren Kokos-»Drink« ohne Fett. Sie hat ein nussig-fruchtiges Aroma.

Mandeldrink

ist der wohl am weitesten verbreitete Nussdrink. Er schmeckt leicht nach Marzipan, jedoch insgesamt sehr neutral und ist damit vielseitig einsetzbar.

Reisdrink

schmeckt sehr süßlich und ist glutenfrei. Da-durch ist er bestens für Allergiker und Menschen mit Zöliakie geeignet. Rezepte, denen etwas »Süße« fehlt, kann man damit ohne zusätzlichen Zucker verbessern.

Sojadrink

ist eher nussig im Geschmack und vor allem für herz-hafte Gerichte gut geeignet. Er findet sich nicht in meinen Rezepten, weil ich Sojaprodukte in mei-nem Alltag so gut wie nie verwende.

FETTE & ÖLE

···

Auch wenn manche Menschen beim Thema Fette und Öle sofort an etwas Schlechtes denken: Fett macht nicht »fett« und ist nicht zwangsläufig ungesund. Es gibt auch sehr gute und sogar lebenswichtige Fette. Unser Gehirn besteht zum Beispiel zu 60 % aus Fett (bezogen auf das Trockengewicht) und ist auf hochwertige Fette angewiesen. Fette sind nicht nur Träger von Aroma- und Geschmacksstoffen, sondern liefern unserem Körper Energie und werden für Zellaufbau und unsere Organe benötigt. Auch einige Vitamine kann der Körper nur mithilfe von Fett aufnehmen.

Je nach Aufbau können Fettsäuren gesättigt, einfach ungesättigt oder mehrfach ungesättigt sein. Um diese Bezeichnungen zu verstehen, hilft die Vorstellung von ihrem chemischen Aufbau. Gesättigte Fettsäuren besitzen an allen Kohlenstoffatomen ein Wasserstoffatom, sind also mit Wasserstoff »gesättigt«. Sie haben eine stabile Struktur und sind hitzebeständiger als die anderen Fettsäuren. Je gesättigter Fette sind, desto fester ist ihre Form. Diese Fettsäuren stecken hauptsächlich in den tierischen Fetten und haben einen schlechten Ruf, weil sie den Cholesterinspiegel erhöhen können. Ungesättigte Fettsäuren besitzen weniger Wasserstoffatome und sind dadurch instabiler und flüssiger. Man unterscheidet hier zwischen einfach ungesättigten Fettsäuren und mehrfach ungesättigten Fettsäuren. Einfach ungesättigte Fettsäuren stärken unser Immunsystem und sind hauptsächlich in pflanzlichen und gesunden Lebensmitteln

wie Mandeln, Avocados und Oliven zu finden. Mehrfach ungesättigte Fettsäuren können wir nicht selbst herstellen. Deswegen sind sie essenziell bzw. lebensnotwendig und müssen über die Nahrung aufgenommen werden. Sie sind der Baustoff für unsere Zellwände, bilden Immunstoffe und lassen sich in Omega-3-Fettsäuren und Omega-6-Fettsäuren unterteilen. Eine große Rolle spielt dabei vor allem das Verhältnis und die ausgewogene Einnahme der beiden Fettsäuren, die bei höchstens 5 : 1 von Omega-6 zu Omega-3 liegen sollten. In der Ernährung der westlichen Welt ist der Anteil an Omega-6-Fettsäuren sehr viel höher und wir sind mit dem unglaublichen Verhältnis 20 : 1 weit weg vom Optimum. Das kann sich negativ auf die Gesundheit auswirken, denn zu viele Omega-6-Fettsäuren können zu Blutgerinnseln, Entzündungsprozessen und damit Krankheiten im Körper führen. Omega-3-Fettsäuren hingegen schützen davor und wirken Herzerkrankungen und Thrombosen entgegen. Gute Lieferanten dafür sind beispielsweise Leinsamen, Chiasamen, Walnüsse oder Algen.

TIPP:
Beim starken Erhitzen von manchen Fetten oder Ölen werden nicht nur positive Substanzen zerstört, sondern auch gefährliche Stoffe wie Transfette gebildet. Zum Braten eignen sich zum Beispiel Avocadoöl, Kokosfett oder Ghee.

Avocadoöl

hat einen ähnlich hohen Anteil an einfach ungesättigten Fettsäuren wie Olivenöl und kann außergewöhnlich hoch erhitzt werden, denn der Rauchpunkt liegt bei ca. 250 Grad.

Ghee (Butterschmalz)

kommt aus der ayurvedischen Küche und ist geklärte Butter. Es besteht zu ca. 68 % aus gesättigten Fettsäuren und kann sehr hoch erhitzt werden. Es enthält jeweils 2 % Omega-6- und Omega-3-Fettsäuren.

Kokosnussöl

hat einen hohen Anteil an gesättigten Fettsäuren (ca. 92 %) und lässt sich demnach ohne Bedenken zum Kochen mit hohen Temperaturen verwenden. Es muss kaum verarbeitet werden, um haltbar gemacht zu werden, und bleibt somit auch im Haushalt lange frisch.

Leinöl

ist eine wichtige Quelle für Omega-3-Fettsäuren (ca. 56 %) und wirkt entzündungshemmend. Es sollte dunkel und kühl gelagert werden. Ich verwende in meinen Rezepten sehr oft auch Leinsamen, weil ich von der Wirkung überzeugt bin. Das Öl nicht erhitzen!

Olivenöl

enthält Antioxidanzien und Polyphenole. Es besteht hauptsächlich aus einfach ungesättigten Fettsäuren (ca. 70 %). Die Omega-6-zu-3-Fettsäuren-Balance ist mit ca. 8 : 1 jedoch nicht ganz optimal.

Rapsöl

ist stark verarbeitet, außer wenn es nativ kalt gepresst ist. Das Verhältnis von Omega-6- zu Omega-3-Fettsäuren liegt bei ca. 2 : 1.

Sesamöl

enthält etwa 44 % Linolsäure, eine mehrfach ungesättigte Fettsäure – und die wichtigste Omega-6-Fettsäure. Die enthaltene Linolsäure senkt einen zu hohen Cholesterinspiegel und Bluthochdruck.

Sonnenblumenöl

ist ein weitverbreitetes Öl, das sehr stark verarbeitet ist und sich als günstigere Alternative zu hochwertigen Ölen in vielen Lebensmitteln wiederfindet. Es enthält einen sehr hohen Anteil an Omega-6-Fettsäuren. Das Verhältnis zu Omega-3-Fettsäuren mit 120 : 1 ist deshalb äußerst ungünstig. Ich verwende es daher nicht.

NÜSSE, SAMEN & KERNE

....

Nüsse, Samen und Kerne sind so klein, aber vollgepackt mit vielen wertvollen Nährstoffen! Ich liebe sie und habe sogar meinen zweiten Instagram-Account »pamgoesnuts« genannt, weil ich so verrückt nach ihnen bin und fast immer welche dabeihabe. Und sie schmecken nicht nur gut, sondern sind auch noch sehr gesund. Sie helfen einem dabei, sich zu konzentrieren und zu fokussieren. Isst man täglich eine Handvoll Nüsse oder Samen, kann das Entzündungen im Körper reduzieren und damit Krankheiten vorbeugen, die Herzgesundheit positiv beeinflussen und den Cholesterinspiegel senken.

Einige Menschen sind von Nüssen abgeschreckt, weil sie sehr fett- und kalorienreich sind. Und natürlich enthält eine Handvoll Nüsse mehr Kalorien als eine Handvoll Tomaten. Doch die Fettsäuren in den Nüssen sind größtenteils ungesättigt und sehr gesund. Vor allem die Omega-3-Fettsäuren benötigt der Körper für die Regulation des Immunsystems und den Zellaufbau. Nüsse sind jedoch auch sehr reich an Omega-6-Fettsäuren, weswegen man nicht mehr als eine Handvoll pro Tag essen sollte.
Studien haben auch belegt, dass Nüsse beim Abnehmen helfen können! Der Grund dafür ist die hohe Dichte an wertvollen Nährstoffen wie Protein und Ballaststoffen, die für eine lange Zeit sehr satt machen. Dadurch werden Heißhungerattacken vermieden, man überisst sich nicht so schnell, hat weniger Hunger und nimmt insgesamt weniger Kalorien zu sich.

Am besten isst man Nüsse ganz naturbelassen und unbehandelt. Denn durch das Rösten können wertvolle Fettsäuren, Antioxidanzien und Vitamine verloren gehen. Bei der industriellen Herstellung kommen meistens auch noch ungesunde und billige Fette dazu. Gesalzene oder gewürzte Nüsse enthalten zudem eine große Menge Kochsalz. Die meisten Antioxidanzien stecken übrigens in der Haut von Nüssen. Deswegen sollte man Nüsse möglichst immer mit Haut essen.

Samen und Kerne besitzen ebenfalls wertvolle Inhaltsstoffe. Sie enthalten Mineralstoffe, Vitamine und Ballaststoffe. Ganz wichtig: Sie haben ein besonders gutes Verhältnis von Omega-6- zu Omega-3-Fettsäuren. Leinsamen beispielsweise weisen hierbei das Verhältnis von 1 : 4 auf, was sie zur besten pflanzlichen Quelle für Omega-3-Fettsäuren macht. Zwei Teelöffel geschrotete Leinsamen decken bereits den Tagesbedarf. Deswegen sind sie meine Lieblingssamen und werden in meinen Rezepten sehr oft benutzt. Samen und Kerne können vielfältig in die Ernährung integriert werden, z. B. als Toppings auf Salaten, Smoothie-Bowls, auf Broten oder Kuchen, in Ölen oder als Snack zwischendurch.

Cashewnüsse

haben im Vergleich zu anderen Nussarten relativ wenig Fett (ca. 45 g pro 100 g). Sie enthalten viel Magnesium (ca. 258 mg / 100 g) und werden auch als Milchproduktersatz eingesetzt.

Erdnüsse

sind streng genommen Hülsenfrüchte und enthalten viel Eiweiß (ca. 29 g Eiweiß/100 g). In den Rezepten verwende ich gerne Erdnussbutter, um Gerichten noch mehr Protein hinzuzufügen.

Hanfsamen

haben das optimale Verhältnis von Omega-6- zu Omega-3-Fettsäuren von 3 : 1 und sind damit eine gute Quelle, um unsere tägliche Balance positiv zu beeinflussen. Dadurch wirken sie entzündungshemmend.

Haselnüsse

haben einen hohen Lecithingehalt und unterstützen die Nerven- und Gehirnfunktionen. Ich verwende sie gerne, da sie an den typischen »Schoko-Nuss«-Geschmack erinnern.

Kürbiskerne

enthalten sehr viel Zink. Der halbe Magnesiumbedarf eines Erwachsenen kann mit ca. 50 g Kürbiskernen bereits gedeckt werden. Sie stärken die Blase und die Prostata.

Leinsamen

sind eine lokale und günstigere Alternative zu Chiasamen. Damit die wertvollen Inhaltsstoffe besser aufgenommen werden können, sollte man geschrotete und gequollene Leinsamen verwenden.

Mandeln

enthalten größere Mengen an Vitamin E, was sehr wichtig für unsere Haut, Haare und Nägel ist. Mandeln schützen unter anderem vor Diabetes, Alzheimer und Entzündungen.

Walnüsse

haben die größte Menge an mehrfach ungesättigten Omega-3-Fettsäuren (ca. 10 g/100 g). Die Aminosäure L-Arginin kann dabei helfen, den Blutdruck zu senken.

SUPERFOODS

Superfoods sind von Instagram, aus Magazinen oder Lebensmittelgeschäften nicht mehr wegzudenken. Trotzdem gibt es noch keine allgemeingültige Definition für den Begriff. Als Superfoods werden meist Lebensmittel bezeichnet, die besonders nährstoffreich sind und außergewöhnlich große Mengen an Vitaminen, Mineralstoffen und Antioxidanzien beinhalten. Aufgrund der erhöhten Dichte im Vergleich zu gängigen Lebensmitteln tragen sie daher den Namen »Superfood«.

Zum Trend geworden sind vor allem exotische Zutaten wie Goji-Beeren oder Chiasamen. Was viele nicht wissen: Es gibt auch heimische Superfoods wie Leinsamen. Mir ist Nachhaltigkeit sehr wichtig und deswegen greife ich im Normalfall lieber auf Leinsamen als auf Chiasamen zurück. Denn die positiven Eigenschaften und Effekte sind ähnlich. Exotische Superfoods haben in der Regel einen langen Transportweg hinter sich. Dies wirkt sich negativ auf den Preis, den Nährstoffgehalt und das Klima aus. Außerdem gab es schon Berichte über mit Pestiziden belastete Superfoods aus dem Ausland. Es spricht nichts dagegen, auch mal exotische Superfoods zu kaufen. Gibt es jedoch eine lokale Alternative, muss man die importierte Version vielleicht nicht jeden Tag in großen Mengen konsumieren. Aus diesem Grund findet ihr in der Auflistung unter den exotischen Superfoods auch gleich heimische Alternativen, auf die ihr zurückgreifen könnt.

Mein Lieblings-Superfood ist die Açaí-Beere. Sie kommt aus Südamerika und hat über 100.000 Antioxidanzien. Damit ist sie außergewöhnlich wirkungsvoll gegen freie Radikale. Alternativ dazu bieten sich die in unseren Breitengraden beheimateten Heidelbeeren, Brombeeren oder Sauerkirschen an. Zugegebenermaßen kommen sie jedoch nicht an diese hohe Anzahl verschiedener Antioxidanzien heran.

Wer regelmäßig hauptsächlich heimische Superfoods zu sich nimmt, tut seinem Körper und der Umwelt etwas Gutes. Denn sie können antioxidativ und entzündungshemmend wirken und beim Entgiften unterstützen. Trotzdem sollte man die verzehrte Menge an Obst- und Gemüse nicht durch Superfoods ersetzen, sondern lediglich ergänzen. Denn es existiert generell kein Lebensmittel auf der Welt, das den kompletten Tagesbedarf an Nähr-, Vital- und Mineralstoffen abdecken kann. Superfoods wird nachgesagt, dass sie Krankheiten wie Diabetes und Gefäßerkrankungen vorbeugen und die Gesundheit fördern können. Es gibt jedoch dafür keine eindeutigen wissenschaftlichen Beweise. Superfoods entfalten ihre Wirkung also am besten in Kombination mit frischen, unverarbeiteten Lebensmitteln und einem gesunden Lebensstil. Letztendlich können Superfoods als tägliche Ergänzung eine vollwertige Ernährung bereichern und so für Abwechslung auf den Tellern oder in den Bowls sorgen, denn geschmacklich sind sie oftmals großartig.

Algen

wie z. B. Chlorella oder Spirulina zeichnen sich durch einen hohen Gehalt an Ballaststoffen, Antioxidanzien, Jod und Proteinen aus. Sie enthalten alle essenziellen Aminosäuren, entgiften, wirken antioxidativ, nähren und stärken das Immunsystem.

Chiasamen

enthalten mindestens 16 g/100 g Eiweiß und mehrfach ungesättigte Fettsäuren, u. a. Omega-3-Fettsäuren. Eine heimische Alternative ist Leinsamen (siehe Seite 38, Nüsse, Samen & Kerne).

Goji-Beeren

enthalten essenzielle Aminosäuren, die den Muskelaufbau unterstützen und sind reich an Antioxidanzien und Vitamin C (bis zu 150 mg / 100 g). Die heimische Alternative: schwarze Johannisbeere mit ca. 177 mg / 100 g.

Hanfsamen

wachsen an der Hanfpflanze und enthalten nichts vom berauschenden Wirkstoff THC. Sie sind reich an Magnesium und Eisen. Sie beinhalten 30 % Eiweiß und alle essenziellen Aminosäuren.

Ingwer

kann die Vermehrung von Viren hemmen, wirkt antibakteriell und unterstützt den Körper dadurch vor allem auch bei Erkältungen oder zur Vorbeugung von Erkrankungen.

Kakaobohnen

besitzen das volle Wirkspektrum an Antioxidanzien, Magnesium und sehr guten Fetten. Sie hellen die Stimmung auf, wirken Depressionen entgegen, zügeln den Heißhunger und verleihen einen schokoladigen Geschmack.

Kurkuma

wirkt antientzündlich und kommt in der ayurvedischen Medizin als Heilmittel zum Einsatz. Pfeffer und ein fetthaltiges Nahrungsmittel helfen bei der Aufnahme des in Kurkuma enthaltenen Kurkumins.

Matcha

ist grüner Tee in Pulverform. Er enthält ungefähr so viel Koffein wie Espresso, macht wach und regt das zentrale Nervensystem an. Die Aminosäure L-Theanin wirkt entspannend und konzentrationsfördernd.

ZUCKER & ALTERNATIVEN

Zucker besteht aus Kristallen und wird aus Pflanzen wie Zuckerrüben, Zuckerrohr oder Zuckerpalmen gewonnen. Dabei handelt es sich immer um Haushaltszucker (Saccharose), der sich zur Hälfte je aus Fruchtzucker (Fructose) und Traubenzucker (Glucose) zusammensetzt. Fruchtzucker schmeckt süßer als Traubenzucker und kommt in großen Mengen in Früchten vor, weshalb er auch seinen Namen hat. Doch die Namensgebung ist verwirrend, denn in Früchten steckt nicht nur Fruchtzucker, sondern auch Traubenzucker. Deswegen spreche ich lieber von Fructose und Glucose. Glucose bzw. Traubenzucker ist ein sogenannter Einfachzucker, der vom Körper schnell aufgenommen wird und zu den einfachen Kohlenhydraten zählt. Er wird in unserem Körper aber auch auf natürliche Weise durch die Spaltung von Kohlenhydraten gewonnen. Glucose und Fructose werden vom Körper unterschiedlich behandelt. Glucose wird von der Leber je nach Bedarf aufgenommen und danach als Energiequelle zu anderen Körperzellen weitergeschickt. Doch wenn Fructose durch die Verdauung in der Leber ankommt, saugt diese den Zucker ungefiltert wie ein Schwamm auf und wandelt die überschüssige Energie in Fett um – sofern der Körper die Energie nicht gerade benötigt, z. B. für Bewegung oder Konzentration. Bei konstant übermäßigem Zuckerkonsum besteht die große Gefahr, an einer Fettleber zu erkranken. Zucker erhöht für einen gewissen Zeitraum unseren Insulinspiegel, der wiederum die Fettverbrennung in genau diesem Zeitraum blockiert. Außerdem reagieren verfettete Körperzellen immer weniger empfindlich auf dieses wichtige Hormon, wodurch der Körper zum Ausgleich immer und immer mehr Insulin ausschüttet. Dieser erhöhte Insulinspiegel kann der Weg zum Diabetes sein.

INDUSTRIEZUCKER UND SEINE LEEREN KALORIEN

Künstlich hergestellter Haushaltszucker liefert keine Nährstoffe, dafür aber reichlich Kalorien, die man auch als »leere« Kalorien bezeichnet, weil sie keine Vitamine oder Mineralstoffe haben und andere nährstofffreie Lebensmittel auf unserem täglichen Speiseplan verdrängen. Unser Körper braucht zwar Zucker, ist aber nicht auf industriellen Zucker angewiesen. Er kann den Hauptbestandteil der Glucose aus Lebensmitteln wie Reis, Haferflocken, Gemüse und Obst gewinnen. Man braucht auch keine Angst vor dem Zucker in natürlichen Früchten zu haben. Sie sind mit Ballaststoffen gebunden und die Zuckermoleküle werden bei der Verdauung nur nach und nach herausgelöst und an die Blutbahn abgegeben, sodass die Leber nicht in kürzester Zeit mit Unmengen an Zucker überschwemmt wird. Denn bei Zucker ist das Tempo, mit dem er in die Blutbahn kommt, entscheidend. Ein Vergleich mit Alkohol kann das verdeutlichen: Trinkt man Alkohol langsam und verteilt über einen Abend hinweg, steckt man ihn meistens gut

weg. Trinkt man alles auf einmal, ist man schnell betrunken. Außerdem enthält Obst sehr viel Wasser. Man müsste Massen davon essen, um auf den Zuckergehalt von Süßigkeiten oder Softdrinks zu kommen. Mehrere Kilogramm Äpfel oder Trauben zu essen ist sehr viel schwieriger, als 1–2 Liter Softdrink oder Fruchtsaft zu trinken.

AUFGEPASST!

Zur Vorsicht rate ich bei Softdrinks, Fertigprodukten und Energydrinks, aber auch bei Light-Produkten (oft mit zugesetzten Süßstoffen) und Fruchtsäften. Denn ein Glas frisch gepresster Orangensaft (250 ml) enthält rund 25 g Zucker, die ungebremst und sehr schnell ins Blut gehen. Eine Flüssigkeit ist wie »vorverdaut«, der Körper muss nicht mehr viel leisten. Deshalb sollte man sein Obst in der Regel essen und nicht trinken.

Studien warnen vor den Gesundheitsfolgen von übermäßigem Zuckerkonsum, darunter Zivilisationskrankheiten wie Diabetes und Adipositas. Zucker ist mittlerweile in fast allem enthalten! Er wird von der Nahrungsindustrie sehr oft beigemischt, um Produkte aufzupeppen und das »Sucht«-Potenzial zu erhöhen. Studiert man die Inhaltsstoffe von Verpackungen wird einem bewusst, dass sich auch in auf den ersten Blick abwegigen Produkten Zucker versteckt. Das wird uns Konsumenten allerdings nicht leicht gemacht, weil die Lebensmittelindustrie auch andere Namen für Zucker verwendet, wie Glucose, Fructose, Dextrose oder Maltose. Zucker versteckt sich z. B. in würzigen Aufstrichen, Bio-Tomatensoßen, Naturjoghurt und Salzstangen. So werden auch

Vor- und Hauptspeisen plötzlich zu Desserts. Süßstoffe wie Aspartam oder Zuckeraustauschstoffe wie Xylit, Sorbit oder Erythrit sind zwar süß, kalorienarm und stark verbreitet, können sich aber negativ auf die Verdauung auswirken. Ich halte von den genannten Zuckeralternativen nicht sehr viel, auch weil sie sehr künstlich sind. Möchte ich meinen Gerichten Süße verleihen, greife ich – neben Obst wie Bananen oder Trockenfrüchten wie Datteln – auf die rechts aufgelisteten natürlichen Süßungsmittel zurück. Dabei spielt für viele auch der sogenannte glykämische Index eine wichtige Rolle, ein Maß zur Bestimmung der Wirkung eines kohlenhydrathaltigen Lebensmittels auf den Blutzuckerspiegel. Je höher der Wert ist, desto schneller lässt das Lebensmittel den Blutzuckerspiegel steigen – und je schneller er steigt, desto »schlechter«.

GUT ZU WISSEN

Für mich kommt es beim Zucker auf die Dosierung an. Es ist absolut in Ordnung, ab und zu mal eine Süßigkeit zu essen. Aber es ist absolut nicht nötig, sich schon bei Vor- und Hauptspeisen den ganzen Zuckerzusätzen auszusetzen. Möchte man nur noch wenig oder keinen industriellen Zucker mehr essen, ist es normal, dass man in den ersten Tagen des Verzichts eine Art Entgiftungsphase durchläuft und Heißhungerattacken bekommt, weil der Körper an Zucker gewöhnt ist. Ich weiß aber aus persönlicher Erfahrung, dass man sich an eine Ernährung ohne Zucker gewöhnt, normale Süßigkeiten plötzlich als viel zu süß und künstlich empfindet und diese dann gar nicht mehr vermisst.

Ahornsirup

ist der eingedickte Saft von kanadischen Ahornbäumen, der zu 45 % aus Wasser besteht. Er enthält zwar mehr Mineralstoffe als Haushaltszucker, jedoch nicht in relevanten Mengen und sollte deshalb nur in Maßen konsumiert werden.

Agavendicksaft

wird aus der Agave, einer Pflanze, gewonnen, ist siruparig und gut löslich. Seine starke Süße (ca. 68 % Zuckergehalt) kommt von dem enorm hohen Anteil an Fructose, weswegen man der Leber zuliebe keine großen Mengen zu sich nehmen sollte, auch wenn der glykämische Index nur bei 15 liegt.

Dattelsirup

ist schon jahrhundertelang als Süßungsmittel bekannt. Studien zeigen, dass natürlicher Dattelsirup wie Antibiotika wirkt und das Wachstum von Bakterien hemmen kann. Er lässt sich durch Pürieren von Datteln in einem Hochleistungsmixer selbst herstellen.

Honig

ist das älteste Süßungsmittel. Es wirkt antibakteriell und sollte nicht über 40 °C erhitzt werden (d. h. Tee vor dem Süßen abkühlen lassen), da sonst die positiven Substanzen verloren gehen und eine krebserregende Wirkung eintreten könnte. Honig hat einen Zuckergehalt von 80 %, sein glykämischer Index liegt bei ca. 55.

Kokosblütenzucker

wird aus den Blüten der Kokospalme gewonnen und bietet einen karamelligen Geschmack. Kokosblütenzucker hat für eine Zuckersorte einen sehr hohen Nährstoffgehalt (u. a. Magnesium, Zink, Eisen, Kalium), einen geringen Fructoseanteil (2–9 %) und einen niedrigen glykämischen Index von 35. Sehr zu empfehlen!

Trockenobst

entsteht durchs Dörren von Früchten, wobei sie 80 % ihrer Flüssigkeit verlieren und dann hauptsächlich aus Ballaststoffen und 70 % Kohlenhydraten in Form von Fruchtzucker bestehen. Damit ist Trockenobst gegenüber frischem Obst zwar eine Zuckerbombe, jedoch immer noch gesünder als Haushaltszucker, wenn man sich für naturbelassenes und ungeschwefeltes Trockenobst entscheidet.

ERNÄHRUNGSTIPPS

Meine Regeln

....

Im Laufe der Zeit habe ich mir immer mehr Wissen über Ernährung angeeignet und vieles ausprobiert. Dabei habe ich ein Gefühl dafür entwickelt, was mir guttut und welche Lebensmittel und Lebensweisen für mich die besten sind, um mich fit und wohl in meiner Haut zu fühlen. Diese »Regeln« habe ich hier zusammengetragen. Natürlich sollte jeder seinen eigenen individuellen Leitfaden finden, um langfristig glücklich mit seiner Ernährung zu sein.

◆ **EINFACH.** Es braucht keine komplizierte Zubereitung und nicht täglich exotische Zutaten aus fernen Ländern.

◆ **FRISCH.** Je frischer die Zutaten, desto mehr Nährstoffe stecken in ihnen. Außerdem schmecken sie besser!

◆ **SCHNELL.** Hat man Hunger, möchte man nicht stundenlang in der Küche stehen. Die wenigsten meiner Rezepte brauchen lange Vorbereitungs- oder Back-/Kochzeiten.

◆ **SPARSAM.** Für meine Rezepte braucht man wenig außergewöhnliches Equipment und die meisten meiner Zutaten sind sehr erschwinglich.

◆ **KREATIV.** Das Auge isst mit! Beim Start in die gesunde Ernährung macht es oft Sinn, die Gerichte schön anzurichten, damit man Spaß beim Essen hat. Gerade Bowls bieten viel Fläche, um sich kreativ auszutoben!

◆ **GEDULDIG.** Eine Ernährungsumstellung kann eine Herausforderung sein. Wenn es hilft, kann man mit kleinen Schritten anfangen. Man lernt nie aus und je mehr man sich mit bestimmten Themen auseinandersetzt, desto größer wird die Passion dafür.

◆ **NATÜRLICH.** Lebensmittel immer in der natürlichsten Form einkaufen, d. h. keine stark verarbeiteten, mit Zucker, Konservierungsstoffen o. Ä. zugesetzten Nahrungsmittel.

◆ **AUSGEWOGEN.** Alles in Maßen, nichts in Massen. Auch 3 kg Brokkoli am Tag sind auf Dauer nicht gut.

◆ **GESUND IST NICHT GLEICH GESUND.** Die einen verdauen Rohkost gut, andere bekommen davon Blähungen. Manche können Gluten und Eiweiß problemlos vertragen, andere nicht. Es hilft, auf seinen Körper zu hören und zu schauen, womit man sich wirklich gut fühlt.

◆ MOTIVIERT. Die Ernährung sollte man für sich, den eigenen Körper und die eigene Gesundheit verbessern. Auch wenn Freunde und Familie nicht mitmachen möchten – es geht nicht um andere!

◆ NACHHALTIG. Man sollte sich der Konsequenz seiner Ernährung immer bewusst sein, gerade im Hinblick auf den Konsum von tierischen Produkten (siehe Seiten 32–35, Fleisch, Fisch, Milch).

◆ WISSEN. An mir persönlich merke ich: Je mehr Wissen ich mir aneigne, desto mehr Gefallen finde ich an der gesunden Ernährung. Sobald man wirklich versteht, wieso etwas »gut« ist, verliert man automatisch das Interesse am »Schlechten«. Wissen ist eben Macht.

◆ FASTEN. Diesen Punkt möchte ich optional halten, aber ich persönlich fühle mich sehr wohl, wenn ich nur über einen Zeitraum von rund 8 Stunden esse. Zum Beispiel habe ich unglaublich viel Energie, bin kaum müde und kann mich außerordentlich gut konzentrieren. Der Blutzuckerspiegel bleibt über lange Zeit niedrig. Außerdem ist meine Verdauung ausgeglichener! Diese Ernährungsform nennt man intermittierendes Fasten oder auch Intervallfasten. Es gibt auch ausgedehnte Fastenkuren über mehrere Tage, um dem Körper genug Zeit zum Heilen zu geben.

◆ KÖRPERBEWUSST. Hörst du auf deinen Körper? Realisierst du, was dir Bauchkrämpfe bereitet, Kopfweh verursacht oder dich schlapp macht? Isst du, wenn du hungrig bist, oder verfällst du einem Zuckerrausch? Mir hilft es, meinen Körper und sein Befinden mit einem gewissen Abstand zu betrachten und zu realisieren, was welche Reaktion in mir hervorruft.

◆ SELBST MACHEN. In meinem Alltag bevorzuge ich es IMMER, meine Nahrung selbst zuzubereiten. Man ist, was man isst. Aus diesem Grund weiß ich gerne, welche Zutaten in meinem Essen stecken und welche Qualität diese haben. Und keine Sorge: Für meine Rezepte muss man kein Kochgenie sein!

◆ ROUTINE. Erst wenn man etwas über einen längeren Zeitraum macht, wird es zur Gewohnheit. Es fühlt sich dann ganz »normal« an und man hat das Gefühl, dass einem ohne diese Sache etwas fehlt. So geht es mir bei Kleinigkeiten wie Ölziehen am Morgen, meinem Apfelessig-Shot oder auch bei Themen wie regelmäßigem Sport, Stretching und gesunder Ernährung.

ANTIOXIDANZIEN –

gegen Entzündungen

....

Auf den Seiten über Obst, Nüsse, Super-foods, Fette & Öle habe ich immer mal wieder über Antioxidanzien und entzündungshemmende Lebensmittel gesprochen. Da mir das Thema Entzündungen sehr wichtig ist, möchte ich auf dieser Seite noch mehr Informationen dazu geben.

Antioxidanzien helfen uns, mit schädlichen Umwelteinflussen zurechtzukommen. Sie sind eine Art Schutzschild, das zerstörerische Moleküle – sogenannte freie Radikale – stoppt. Unsere Körperzellen werden von freien Radikalen geschädigt, wodurch das Immunsystem geschwächt wird, die Haut schneller altert und Krankheiten wie Alzheimer, Rheuma oder Krebs begünstigt werden. Antioxidanzien minimieren damit oxidative Schäden der Zellen und haben so eine natürliche Anti-Aging-Wirkung von innen heraus. Außerdem gelten sie als entzündungshemmend – und Entzündungen sind bekanntlich der Ursprung einer Vielzahl von Krankheiten. Chronische Entzündungen im Körper begünstigen Asthma, Arthrose, Diabetes, Herz-Kreislauf-Krankheiten, Bluthochdruck, Parkinson und die bereits erwähnten Krankheiten Alzheimer und Krebs. Entzündungen sind der körpereigene Abwehrmechanismus gegen freie Radikale, Viren und Bakterien. Auch eine ungesunde Ernährung kann auf Dauer zu Entzündungsherden führen, weil man dabei zu wenig Mineralstoffe und Vitamine zu sich nimmt und der Körper übersäuert. Unser Körper arbeitet stetig daran, seinen pH-Wert gleich zu halten. Der pH-Wert sagt aus, ob eine Flüssigkeit sauer oder basisch ist. Manche Lebensmittel werden basisch verstoffwechselt, andere sind säurebildend. Nehmen wir zu viel säurebildende Lebensmittel wie tierische Produkte, Milch, Zucker, weißes Mehl, Weizen und Alkohol zu uns, überlasten wir unsere Organe dauerhaft, da sie ständig bemüht sind, unseren pH-Wert im Lot zu halten. Aber auch eine ungesunde Lebensweise – beispielsweise Stress, negative Gefühle oder Rauchen – kann Übersäuerung begünstigen. Das heißt nicht, dass wir fanatisch all diese Lebensmittel weglassen sollen – denn wie bei allem gilt: Die Balance ist entscheidend.

WAS ICH INTERESSANT FINDE

Neueste Erkenntnisse zeigen, dass Fettleibigkeit oftmals mit einer Entzündung des Gehirns einhergeht. Dadurch kann das Gehirn die Sättigungssignale des Körpers nicht mehr richtig deuten und das Übergewicht wird immer schlimmer. Dämmt man diese Entzündung (z. B. durch den regelmäßigen Verzehr von Omega-3-Fettsäuren) ein, kann das Gehirn die Signale besser interpretieren, erkennt Hunger und Sättigungsgefühl wieder und das wiederum hilft beim Abnehmen.

PROTEINE –

wichtiger Baustein für unsere Muskeln

Proteine oder auch Eiweiße sind ein Makronährstoff und einer der wichtigsten Nährstoffe für uns neben Fetten und Kohlenhydraten. Man unterscheidet zwischen tierischen und pflanzlichen Eiweißen. Proteine sind ein wichtiger Baustoff in unserem Körper, sie befinden sich in jeder Zelle und in jedem Gewebe. Außerdem sind sie u. a. verantwortlich für den Muskelaufbau, die Immunabwehr und Hormonregulation. Täglich sollte man mindestens 0,8–1 g pro kg Körpergewicht zu sich nehmen. Bei sehr hoher, sportlicher Betätigung sollte es mehr Protein sein (ca. 1,8–2 g pro kg Körpergewicht). Es ist jedoch ein Mythos, dass man durch Eiweißzufuhr automatisch mehr Muskulatur aufbaut oder an Körpergewicht verliert – das passiert nur in Kombination mit entsprechender sportlicher Betätigung.

ESSENZIELLE AMINOSÄUREN

Proteine setzen sich aus verschiedenen Aminosäuren zusammen, die chemisch betrachtet aus langen Ketten mit kleinen Molekülen bestehen. Beim Proteinstoffwechsel benötigt der menschliche Körper 20 Aminosäuren, 9 von ihnen sind für uns essenziell, d. h. wir können sie nicht selbst herstellen und müssen sie über die Nahrung aufnehmen. Einige Nahrungsproteine enthalten alle von diesen 9 Aminosäuren. Man bezeichnet sie als komplette bzw. vollständige

Proteine, weil sie den Bedarf an essenziellen Aminosäuren theoretisch alleine decken können. Generell zählen tierische Proteine zu den vollständigen und pflanzliche Proteine zu den unvollständigen. Doch es gibt Ausnahmen: Pseudogetreide wie Quinoa, Amarant und Buchweizen sowie Kerne und Samen wie Hanfsamen, Sonnenblumen- und Kürbiskerne sind vollständige, pflanzliche Proteinquellen. Trotzdem ist das Thema vor allem für Veganer relevant. Denn ernährt man sich mit Mischkost, werden die Aminosäuren meistens automatisch ergänzt, z. B. bei Joghurt mit Nüssen. Veganer können jedoch durch das Kombinieren von unterschiedlichen pflanzlichen Lebensmitteln auch alle essenziellen Aminosäuren zu sich nehmen. Aus mehreren Nahrungsmitteln mit unvollständigen Proteinen können dann vollständige Proteine gebildet werden, beispielsweise bei Reis mit Kidneybohnen oder Haferflocken mit Erdnüssen.

In meinen Rezepten kombiniere ich auch sehr gerne, z. B. bei der veganen Protein-Buddha-Bowl (siehe Seite 139), die 25 g Protein und alle essenziellen Aminosäuren enthält.

WAS PROTEIN UND HUNGER MITEINANDER ZU TUN HABEN

Experimente von Forschungen und Studien zeigen, dass sowohl Tiere als auch Menschen nur so lange essen, bis ihr Proteinbedarf gestillt ist und Kohlenhydrate sowie Fette beim Hunger eher zweitrangig sind. Problematisch an Industrieprodukten und verarbeiteten Lebensmitteln ist, dass diese mit viel preiswertem Zucker und Fetten vermischt werden und damit proteinverdünnt sind bzw. im Verhältnis weniger Protein enthalten. Dadurch überisst man sich schneller und bleibt trotzdem chronisch hungrig.

WELCHE PROTEINPRODUKTE ICH MAG

Generell kann man davon ausgehen, dass der Eiweißbedarf über eine ausgewogene Ernährung gedeckt wird. Möchte man Proteinshakes benutzen, oder nimmt man zu wenig Eiweiß zu sich, können Proteinprodukte als Nahrungsergänzung sinnvoll sein. Am bekanntesten sind hier sicherlich Proteinpulver, die in Smoothies oder auch beim Backen verwendet werden können. Die bekanntesten Pulver haben eine tierische Grundlage, wie Milcheiweiß (engl. Casein Protein) oder Molkenprotein (engl. Whey Protein). Es gibt jedoch tolle vegane Alternativen. Meine Favoriten sind Erbsen-, Reis-, Leinsamen-, und Hanfprotein, man kann jedoch auch Proteinpulver aus Soja, Kernen und Nüssen kaufen. Außerdem sind Mehrkomponenten-Proteinpulver erhältlich, die aus unterschiedlichen Sorten bestehen und sich somit gut im Aminosäureprofil ergänzen. Beim Kauf von Proteinpulver sollte man auf die Inhaltsstoffe und Nährwertangaben achten. Meist gilt: Je weniger Zutaten es enthält, desto besser. Einige Hersteller setzen den Shakes Zucker oder Süßstoffe zu. Dies muss aber nicht unbedingt sein, weshalb ich diese Produkte meide. Möchte man seinem Proteinshake Süße verleihen, kann man ihn zum Beispiel zusammen mit frischem Obst mixen.

Ein anderes Proteinprodukt sind Proteinriegel. Dabei ist es wichtig, einen Blick auf die Zutatenliste zu werfen! Sie klingen zwar meistens gesund, sind aber sehr oft mit Zucker, Süßungsmitteln, künstlichen Aromen und chemischen Zutaten angereichert. Man muss sie dann eher zu den Süßigkeiten zählen.

TIPP:

Beim Verzehr von Proteinshakes auf eine ausreichende Flüssigkeitszufuhr achten.
Proteinshakes sind nicht oder nur bedingt für Menschen mit Nieren- und Stoffwechselerkrankungen oder für Schwangere geeignet.

PFLANZLICHE PROTEINQUELLEN
– MEINE FAVORITEN
(PROTEIN PRO 100 GRAMM):

Champignons: ca. 3 g

Erdnüsse: ca. 27 g

Grüne Erbsen: ca. 7 g

Haferflocken: ca. 12 g

Hanfsamen: ca. 30 g

Kichererbsen (Glas/Konserve): ca. 7 g

Quinoa (ungekocht): ca. 15 g

Rote Linsen (ungekocht): ca. 25 g

Spinat: ca. 3 g

Tahini: ca. 17 g

TIPPS FÜR EINE BESSERE VERDAUUNG

Blähungen

....

Durch Fermentierung von unverdaulichen Bestandteilen in unserer Nahrung oder durch verschluckte Luft kommt es zu Blähungen. Und auch, wenn nicht gerne über dieses Thema gesprochen wird, so ist es doch ein ganz normaler Prozess, der zur Verdauung dazugehört. »Normal« aber nur, wenn es in einem gesunden Maß passiert. Kommen noch Schmerzen oder andere Verdauungsbeschwerden hinzu, kann es schnell sehr unangenehm werden. Ich verwende für den Begriff Blähung auch oft das englische Wort »Bloating«. Es gibt zum Glück einige Möglichkeiten, um seine Verdauung zu verbessern:

1. DEM KÖRPER ZEIT GEBEN. Stellt man seine Ernährung auf eine gesündere mit mehr Ballaststoffen und Rohkost um, dann ist das vorerst für die Darmbakterien ungewohnt und sie müssen sich allmählich anpassen. Deswegen kann es gerade am Anfang einer Ernährungsumstellung zu Bloating kommen. Die Ballaststoffmenge sollte langsam, Stück für Stück, erhöht werden.

2. DIE RICHTIGE REIHENFOLGE BEIM ESSEN. Mir persönlich tut es gut, zuerst leicht Verdauliches mit einem hohen Wasseranteil wie Früchte zu mir zu nehmen und zum Schluss schwerer Verdauliches mit wenig Wassergehalt, wie z. B. proteinhaltige Nahrung. Ein süßer Obstsalat zum Nachtisch liegt mir schwer im Magen. Das gilt vor allem auch für Melonen, die ich deswegen immer auf leeren Magen esse. Ich halte mich zwar auch nicht immer an die richtige Reihenfolge, weil ich die Kombinationen von Aromen sehr genieße. Sollte man Probleme mit der Verdauung haben, ist es sehr hilfreich, darauf zu achten.

3. WÄHREND DES ESSENS NICHT TRINKEN. Ich habe gemerkt, dass meine Verdauung besser funktioniert und mein voller Bauch schneller wieder »flach« ist, wenn ich während des Essens nicht trinke. Auch 20–30 Min. vor dem Essen und 1 Std. danach verzichte ich darauf. Wenn ich essen gehe, bestelle ich zu Beginn meist eine Tasse Tee und verneine danach jede »Darf es noch etwas zu trinken sein?«-Frage.

4. BEWUSSTER GENUSS. Essen verdient unsere volle Aufmerksamkeit. Lenkt man sich dabei mit dem Handy oder Fernsehen ab, ist die Gefahr groß, dass man zu schnell isst, dabei nicht lange genug kaut, mehr Luft schluckt oder sich überisst.

5. BLÄHENDE GEMÜSE- UND OBSTSORTEN sind z. B. Kohlgemüse, Hülsenfrüchte, Knoblauch und Zwiebeln, da sie vor allem im Rohzustand besonders viele unverdauliche Nahrungsbestandteile enthalten.

6. SCHWER VERDAULICHE LEBENSMITTEL wie z.B. sehr fettige, stark verarbeitete, sehr gezuckerte oder tierische Nahrungsmittel sollten vermieden werden.

7. FETT IST SCHWER VERDAULICH. Gerade wenn man eine sensible Verdauung hat, sollte man lieber verschiedene Arten von Fetten nicht mischen. Avocados, Nüsse und Oliven zusammen zu essen, kann für manche ein Problem sein.

8. ERNÄHRUNGSTAGEBUCH FÜHREN. Falls man das Gefühl hat, dass man ein bestimmtes Lebensmittel nicht so gut verträgt, kann es helfen, ein Ernährungstagebuch zu führen. So ist es einfacher zu erkennen, welcher Ernährungsbestandteil Probleme bei der Verdauung bereitet – per Ausschlussverfahren. Falls sogar Verdacht auf Intoleranzen oder Allergien besteht, sollte man dies von einem Fachmann abklären lassen.

9. NICHT ÜBERESSEN! Hier spreche ich aus ganz viel Erfahrung. Wenn ich mir den Bauch mit Unmengen an Haferflocken, Quinoa und Datteln vollschlage – die ich in Maßen ganz problemlos vertrage –, lässt der Blähbauch nicht lange auf sich warten. Manchmal ist es nicht nur ausschlaggebend, »was« man isst, sondern auch wie viel davon. Also falls unser Gehirn sagt: »Ich will noch mehr!«, der Magen aber bereits voll ist … dann lieber lernen aufzuhören.

EINKAUFSTIPPS

An unsere Umwelt denken

....

Nachhaltig einkaufen. Je mehr ich mich mit dem Thema Ernährung auseinandergesetzt habe, desto klarer ist mir geworden, dass es bei der »richtigen« Ernährung nicht nur um mich und meinen Körper geht. Es geht auch darum, sich bewusst und möglichst nachhaltig zu ernähren – der Umwelt und unserem Planeten zuliebe. Dabei bin ich der festen Überzeugung, dass es keinen Anspruch auf Perfektionismus braucht, sondern auch kleine Bemühungen auf Dauer sehr viel ausmachen können. Vor allem wenn immer mehr Menschen anfangen, sich Gedanken zu machen, wo und wie sie im Alltag einen kleinen positiven Beitrag im Sinne der Nachhaltigkeit leisten können. Sei das nun ein geringerer Fleischkonsum, der Kauf von regionalen Lebensmitteln, keine Plastiktüten mehr beim Einkauf zu verwenden, auf Glasflaschen umzusteigen oder über das Thema mit Menschen in ihrem Umfeld zu sprechen.

Zu diesen Bemühungen gehört für mich auch, beim Einkaufen darauf zu achten, woher meine Lebensmittel kommen und wie sie hergestellt bzw. angebaut werden. Ich kaufe mein Obst und Gemüse lieber im Bioladen oder auf dem Markt. Dabei achte ich darauf, was gerade Saison hat und was regional angebaut wird. Auch hier geht es nicht darum, immer zu 100 Prozent konsequent zu sein – auch ich kaufe im Winter mal Himbeeren und esse regelmäßig Bananen.

WAS MAN ÜBER BIO-PRODUKTE WISSEN SOLLTE

Obwohl Bio-Lebensmittel nicht immer gleich gesünder als herkömmliche Lebensmittel sind, spricht einiges für sie: Bio-Produkte sind meistens mit weitaus weniger Pestiziden belastet, der Anbau findet nachhaltiger und ressourcenschonender statt und die Tierhaltung fällt besser aus. Doch nicht jedes Bio-Siegel auf einem Produkt heißt, dass dieses unbedingt »besser« ist. Das sechseckige Bio-Logo der EU garantiert dabei Basisbedingungen, während andere Siegel strengeren Standards genügen müssen. Dazu gehören z. B. die Verbände Bioland, Demeter oder Naturland, die Monokulturen, Pestizide, radioaktive Bestrahlung oder genmanipuliertes Saatgut untersagen. Mir ist auch bewusst, dass diese Angebote häufig teurer sind als herkömmliche Produkte. Doch wenn man beim Einkauf von Lebensmitteln etwas finanziellen Spielraum hat, tut es nicht weh, ab und zu lieber zu Produkten mit Bio-Siegel zu greifen. Man ist, was man isst. Und auch für denjenigen, für den der Einkauf im Bioladen zu teuer ist, gibt es eine Lösung: Viele Supermarktketten haben inzwischen ihre eigene Bio-Linie, die oft etwas preiswerter ist. Hier sollte man natürlich schauen, ob diese Angebote lediglich den Basisbedingungen entsprechen oder tatsächlich besser als die herkömmlichen Produkte sind – das ist nicht immer der Fall. Es kann sich aber lohnen, zu recherchieren und mit dem Kauf von Bio-Produkten ein Zeichen im Sinne von nachhaltigem und ökologischem Anbau zu setzen.

VORSICHT BEI TREND- ODER SUPERFOODS

Beim Einkauf lohnt es sich zudem, nach einfachen Alternativen zu importierten Lebensmitteln Ausschau zu halten. Gerade bei Trend- oder Superfoods sollte man sich bewusst sein, dass diese stark gefragten Lebensmittel Konsequenzen in den jeweiligen Anbauländern haben. Avocados z. B. verursachen Wasserknappheit in Südamerika, oder wegen des Quinoa-Booms können sich viele Bauern in den Anbauländern Quinoa, das für sie früher ein Grundnahrungsmittel war, nicht mehr leisten. Globale Produkte sind natürlich nicht von vornherein schlecht, ich kaufe sie jedoch lieber in Maßen statt in Massen.

BASISZUTATEN

Um einen Grundstock an Zutaten zu haben, die ihr für die Rezepte in diesem Buch benötigt, könnt ihr euch an der nachfolgenden Liste orientieren. Sie zeigt außerdem, welche Nahrungsmittel ich immer auf Vorrat habe oder regelmäßig einkaufe. Bei Obst und Gemüse variiert meine Auswahl je nach Saison.

FETTE & ÖLE / NÜSSE, SAMEN, KERNE

– Avocadoöl
– Kerne (Kürbis-, Pinien- und Sonnenblumenkerne)
– Kokosöl
– Leinöl
– Nüsse (Walnüsse, Mandeln, Erd-, Cashew-, Hasel- und Pekannüsse)
– Nussmus (z. B. Haselnuss-, Cashew- oder Mandelmus, Erdnussbutter)
– Olivenöl
– Samen (Lein- und Hanfsamen)
– Tahini (Sesampaste)

OBST

– Äpfel
– Bananen
– Beeren (je nach Saison: Erdbeeren, Himbeeren etc. – auch gefroren)
– Birnen
– Datteln
– Feigen
– Mango (frisch oder gefroren)
– Pflaumen
– Trauben mit Kernen
– Trockenfrüchte (z. B. Rosinen, getrocknete Apfelringe)
– Zitronen

GETREIDE, PSEUDOGETREIDE & HÜLSENFRÜCHTE

– Bohnen (z. B. schwarze Bohnen, Mungobohnen)
– Buchweizen
– Dinkelvollkornmehl
– Haferflocken
– Kichererbsen (aus dem Glas)
– Kokos- oder Mandelmehl
– Linsen
– (gepuffter) Quinoa
– Reis (z. B. Basmati- und Naturreis)
– Nudeln (aus Vollkorngetreide oder Hülsenfrüchten)

SUPERFOODS

– Açaí-Püree (gefroren)
– Chiasamen
– Flohsamenschalen
– Goji-Beeren & Maulbeeren
– Kakaonibs
– Kakaopulver (stark entölt, roh)
– Kokoschips und -raspeln
– Kokoswasser
– Spirulina-Pulver
– Weizengras-Pulver

GEMÜSE

– Artischockenherzen
– Avocado
– Brokkoli
– Erbsen
– Gurke
– Ingwer
– Karotten
– Kartoffeln und
  Süßkartoffeln
– Kürbis
– Lauchzwiebeln
– Tomaten (frisch,
  getrocknet, pas-
  siert)
– Mais (aus dem
  Glas)
– Oliven
– Paprika
– Pilze
– Radieschen
– Rote Bete
– Rotkohl
– Salat (Rucola,
  Wildkräutersalat,
  Feldsalat etc.)
– (Baby-)Spinat
  (frisch oder
  gefroren)
– Sprossen
– Zucchini

MILCH-ALTERNATIVEN & PROTEIN-PRODUKTE

– Cashew-, Mandel-
  oder Kokosjoghurt
– cremige Kokos-
  milch mit hohem
  Fettgehalt (ca.
  60 % Kokosanteil)
– Hafer- oder Reis-
  drink
– Kokosdrink (ca.
  8 % Kokosanteil)
– Mandel- oder
  Cashewdrink
– Proteinpulver
  (z. B. Hanf-,
  Leinsamen- oder
  Erbsenprotein)

GEWÜRZE

– Bourbon-Vanille,
  gemahlen (kein
  Vanillezucker)
– Ceylon-Zimtpulver
– Chilipulver
– Ingwer (frisch oder
  als Pulver)
– Kardamompulver
– Kreuzkümmelpulver
– Kurkumapulver
– Muskat(nuss)pulver
– Paprikapulver,
  edelsüß
– Pfeffer
– Meersalz oder
  Himalaya-Salz

KRÄUTER (FRISCH, GEFROREN ODER GETROCKNET)

– Basilikum
– Dill
– Oregano
– Petersilie
– Rosmarin
– Schnittlauch
– Thymian

SÜSSES

– Agavendicksaft
– Ahornsirup
– Apfelmus
– Dattelsirup
– dunkle Schoko-
  lade (mit 85–92 %
  Kakao)
– Honig
– Kokosblüten-
  zucker
– Riegel (Protein-
  und Nussriegel etc.)

TIERISCHE PRODUKTE

– Eier
– Hackfleisch (Rind)
– Hühnchenbrust
– Rinderfilet

BOWL-TIPPS

Basic Bowl-Hacks

....

SO WERDEN SMOOTHIE-BOWLS CREMIG

◆ **AVOCADOS:** Die grünen Früchte haben schon in kleinen Mengen ganz viel zu bieten, denn sie enthalten gesunde Fette, viele Vitamine und sogar mehr Kalium als die altbekannte Banane! Eine tolle Low-Carb- und Low-Sugar-Alternative.

◆ **BANANE – DER KLASSIKER:** Bananen verleihen natürliche Süße und geben schnelle Energie. Keine reifen, süßen Bananen zu Hause? Dann die unreifen Bananen mit Schale in den Ofen legen und 15–20 Min. bei hoher Hitze (160 Grad) »reifen« lassen.

◆ **EISWÜRFEL:** Sie ergeben eine schöne Eiscreme-Konsistenz. Natürlich ohne Kalorien.

◆ **GEFRORENE ZUCCHINI:** Die »unsichtbare« Banane. Man schmeckt sie nicht heraus, das Ergebnis ist fast genauso cremig und man spart sich Kalorien, Kohlenhydrate und Zucker. Außerdem schmuggelt man sich sogar noch eine Portion Gemüse mit rein. Deshalb befinden sich gedünstete und gefrorene Zucchini eigentlich immer in meiner Gefriertruhe. Dazu schneidet man eine Zucchini in ca. 2 cm dicke Scheiben, dünstet sie 5–10 Min. in einem Topf, legt sie anschließend auf Küchenpapier und lässt sie auskühlen. Damit die Scheiben nicht aneinanderkleben, friert man sie nebeneinander liegend auf einem Teller ein und füllt sie anschließend in einen Beutel um.

◆ **NUSSMUS:** Ein Löffel davon bringt nicht nur Cremigkeit, sondern auch einen nussigen Geschmack.

NOCH MEHR GUTE ZUTATEN FÜR BOWLS

◆ **APFELESSIG:** Das hört sich im ersten Moment vielleicht seltsam an, doch zu meiner täglichen Morgenroutine gehört ein kleiner Shot Apfelessig dazu. Er unterstützt sowohl die Verdauung als auch das Immunsystem und hilft, den Blutzucker und den pH-Wert im Lot zu halten. Deswegen findet diese Zutat, als Apple Cider Vinegar bezeichnet, auch in manchen Bowls Verwendung.

◆ **HANFPROTEIN PULVER:** Eine tolle vegane Proteinquelle! Hanfsamen werden hierfür gemahlen und teilweise entölt. Das fertige Hanfprotein ist meistens nicht allzu stark industriell verarbeitet. Es gibt hier auch »nur« um die 45 % Proteingehalt, aber dafür alle essenziellen Aminosäuren, viele Ballaststoffe und eine optimale Verteilung von Omega-3- zu Omega-6-Fettsäuren.

◆ **KAKAO:** Lust auf Schokoladengeschmack? Zwei Teelöffel Kakao pro Bowl reichen schon aus! Nebenbei liefert Kakao sogar noch Antioxidanzien, stabilisiert den Blutzucker und steigert Glücksgefühle. Er sollte allerdings roh, stark entölt und ohne Zusatzstoffe sein – auch ohne beigefügten Zucker.

- **KOKOSNUSSWASSER:** Es ist wie das Sportgetränk der Natur, weil es isotonische Eigenschaften und Elektrolyte enthält. Starkes Schwitzen kann einen Flüssigkeits- und Elektrolytverlust verursachen und genau das gleicht Kokoswasser ganz natürlich wieder aus.
- **LEINSAMEN:** Ballaststoffe sind unsere besten Freunde! Deswegen spielen Leinsamen in diesem Bowl-Kochbuch auch so eine wichtige Rolle. Sie sind gut für die Verdauung, sättigen über lange Zeit und wirken auf diese Weise Heißhungerattacken entgegen.

GUT VORBEREITET

Um sich jederzeit eine leckere Bowl zubereiten zu können, ist es hilfreich, einige Grundzutaten auf Vorrat zu lagern. Außerdem benötigt man für einige Rezepte aus dem Smoothie-Bowl-Kapitel gefrorenes Obst und Gemüse. Oft werden gefrorene Bananen verwendet – diese kann man in Stücke schneiden, einfrieren und vor dem Verarbeiten kurz antauen lassen. Beeren, Mango und Erbsen können auch eingefroren gekauft werden. Frische Zucchini und Süßkartoffeln sollte man frisch kaufen, dünsten und einfrieren.

WÄHREND DER ZUBEREITUNG

Damit nichts stecken bleibt: Im Mixer zuerst alle flüssigen Zutaten einfüllen und danach die festeren Lebensmittel.

ZUBEREITUNG VON REZEPTEN AUF ZWEI WEISEN (EXEMPLARISCHES BEISPIEL)

Rezepte wie Porridge kann man einmal in der Variante zum Abnehmen und einmal in der Variante zum Zunehmen zubereiten. Hört sich eigenartig an, aber es geht! Mit ein paar kleinen Änderungen bei den Zutaten:

KALORIENREICHE PORRIDGE-BOWL	KALORIENARME PORRIDGE-BOWL
Kochen mit: Pflanzendrink	Kochen mit: Wasser
Untermengen: 1–2 EL Nussbutter	Untermengen: 1 Handvoll geraspelte Zucchini, 2–3 EL Flohsamenschalen oder geschrotete Leinsamen – vergrößern das Volumen und halten lange satt
Früchte: Banane, Datteln oder getrocknete Früchte	Früchte: Beeren und andere frische Früchte
Toppings: großzügige Menge an Samen oder Nüssen, Nussbutter	Toppings: frische Früchte, gepufftes Getreide oder Beerenmarmelade (siehe Seite 213)

HOW TO START

Clean Your Kitchen

....

In meinen Rezepten verwende ich Zutaten, die für mich am besten funktionieren und in meinen Augen gesünder sind als die meisten Standardzutaten. Deswegen folgt hier eine Liste, mit welchen gesünderen Lebensmitteln man Letztere ersetzen kann. Ab und an ist natürlich alles erlaubt, aber für den täglichen Gebrauch sind die Nahrungsmittel auf der linken Seite weniger sinnvoll. Deswegen empfehle ich, diese Standardzutaten – falls vorhanden – ganz hinten in den Vorratsschrank zu stellen. Wenn diese Dinge außerhalb des Blickfelds stehen, fällt es viel leichter, sie nicht mehr zu benutzen!

DIESE LEBENSMITTEL ...	... ERSETZEN DURCH:
STARK VERARBEITETE ERDNUSSBUTTER	Natürliche Erdnussbutter: Ja, Erdnussbutter ist nicht gleich Erdnussbutter. Vielen wird Zucker, Palm- oder Sonnenblumenöl hinzugefügt. Deshalb immer die Inhaltsstoffe checken! Mehr Zutaten als Erdnüsse und Salz müssen nicht sein und auch für andere Nussmus-Sorten gilt, dass sie möglichst wenig verarbeitet sein sollten.
FERTIGGERICHTE	Gemüse oder Hülsenfrüchte aus Konserven oder der Tiefkühlung: Immer auf Vorrat und griffbereit, wenn man schnell etwas Leckeres und Gesundes zaubern möchte.
JOGHURT	Pflanzen- oder Nussjoghurt: Ich verzehre aus gesundheitlichen und ethischen Gründen so gut wie keine Kuhmilch oder Kuhmilchprodukte (mehr dazu ab Seite 34, Milch & Alternativen).
KUHMILCH	Pflanzen- oder Nussmilch: Aus den oben genannten Gründen bevorzuge ich Pflanzen- oder Nussmilch.

DIESE LEBENSMITTEL ...	... ERSETZEN DURCH:
JASMINREIS	Naturreis: Der Naturreis ist ein Vollkornprodukt und voller komplexer Kohlenhydrate, die in unserem Körper nur langsam verdaut werden. Jasminreis lässt den Blutzuckerspiegel stark ansteigen. Alternativen: Hirse oder Pseudogetreide wie Quinoa.
SAHNEEIS	Nice Cream: Hergestellt aus Bananen und anderen gefrorenen Früchten enthält sie nur natürliche Zutaten und wenig Fett (siehe Rezept Seite 177).
WEISSEN HAUS-HALTSZUCKER	Kokosblütenzucker: Er hat viele Mineralien, wird vom Körper langsamer aufgenommen und ist somit gesünder. Alternativen: Ahornsirup, Dattelsirup, Agavendicksaft, Honig (mehr dazu ab Seite 42, Zucker & Alternativen).
WEISSES MEHL	Vollkornmehl, Mandel-, Hafer- oder Kokosmehl: Sie enthalten mehr Mineralstoffe und machen länger satt.
HELLE NUDELN	Vollkornnudeln: Alle guten Stoffe stecken in und direkt unter der Kornschale. Wenn man ein Getreidekorn zu Weißmehl verarbeitet, bleiben fast alle Nährstoffe auf der Strecke. Alternative: Zucchininudeln.

MATERIALIEN, KÜCHENGERÄTE UND TOOLS

Um die Rezepte in diesem Buch herzustellen, benötigt man Folgendes:

Backblech und Backpapier, Bowls / Schüsseln, Dörrgerät (optional), elektronische, sensible Küchenwaage, Food Processor, Gefrierbehälter, Handmixer, (leere) Marmeladengläser, Messbecher, Messer, Kochlöffel, leistungsstarker Standmixer, ofenfeste Bowls, Pfannen, Pfannenwender, Reibe, Salatschleuder, Schneebesen, Schneidebrett, Schnellkochtopf (optional), (feinmaschiges) Sieb, Sparschäler, Spiralschneider, Töpfe, verschließbare Aufbewahrungsgläser und -boxen.

Breakfast Bowls

Das Frühstück ist mit Abstand meine liebste Mahlzeit des Tages! Doch selbst wenn es »Früh«-stück heißt, bedeutet das nicht, dass man die Rezepte nicht auch zu einer anderen Tageszeit essen kann. Auf Reisen stehen deswegen »Breakfast All Day«-Restaurants ganz oben auf meiner Liste. Ich persönlich habe morgens nicht viel Hunger, würde meinen geliebten Porridge aber niemals überspringen und esse ihn deshalb einfach mittags oder abends. Vor allem vor oder nach einem Workout gibt mir eine Portion Haferbrei die nötige Energie! In den Rezepten auf den folgenden Seiten spiegelt sich ganz klar meine Liebe zu Haferflocken wider und der eine oder andere wird sicher überrascht sein, wie vielfältig man Porridge zubereiten kann! Neben den süßen Breakfast Bowls, bei denen ich fast ausschließlich mit natürlicher Fruchtsüße arbeite, gibt es aber auch herzhafte Bowls.

4-Zutaten-Haferbrei –
DER KLASSIKER

Ca. 10 Min.

> 1/2 Banane
> *50 g Haferflocken*
> 150 ml Pflanzendrink
> 1 EL Nussmus (Favorit: Erdnussbutter)
> optional: Ceylon-Zimtpulver oder Vanille (gemahlen)

TOPPINGS:

> 1/2 Banane, 1 EL Nussmus

Tipp

* *Haferflocken* sind glutenfrei, können aber auf ihrem Weg in die Verpackung mit anderem Getreide und Gluten in Berührung kommen. Wer eine ausgeprägte Unverträglichkeit hat, greift am besten zu glutenfreien Haferflocken.

1 Die halbe Banane mit einer Gabel zerdrücken – ich benutze gerne ganz reife Bananen, die schon etwas braun sind.

2 Anschließend mit Haferflocken, Pflanzendrink und Nussmus mischen. Jetzt wäre auch genau der richtige Moment für ein wenig Zimt oder Vanille.

3 Die Mixtur auf dem Herd in einem kleinen Topf etwa 3 Min. köcheln lassen, sodass ein Porridge entsteht.

4 Vor dem Servieren die zweite Bananenhälfte für das Topping in Scheiben schneiden und mit Nussmus anrichten.

Oats every day & in every way – die Überschrift meines Lebens. Ich habe mich bemüht, viel Abwechslung in das Frühstückskapitel zu bringen, aber Haferbrei ist und bleibt mein Favorit. Wie simpel ein leckerer, cremiger Porridge ist, zeigt definitiv der 4-Zutaten-Haferbrei. Das Suchtpotenzial ist hoch. Auch die »Overnight Porridge«-Variante kann ich wärmstens (oder kältestens) empfehlen. Dafür den 3. Schritt überspringen und die Mischung über Nacht im Kühlschrank quellen lassen. Aber was können diese gesunden, preiswerten Haferflocken eigentlich? Mehr auf Seite 28.

NÄHRWERTE CA. 440 KCAL – 13 G PROTEIN – 54 G KOHLENHYDRATE – 10 G BALLASTSTOFFE – 18 G FETT (15 G UNGESÄTTIGT)

Peanut-Butter-and-Jelly-
BOWL

Ca. 25 Min.

- › 1/2 Apfel oder 1/2 Banane
- › 50 g Haferflocken
- › 150 ml Wasser
- › 100 ml Pflanzendrink
  (z. B. Haferdrink)
- › 1 gr. Prise Salz
- › 2 TL Erdnussbutter
- › optional: 1 TL Agavendicksaft,
  Ahornsirup oder Dattelsirup

TOPPINGS:

- › 50 g Beerenmarmelade
  (Rezept siehe Seite 213), 1 TL
  Erdnussbutter, ein paar Beeren
  und 10 g Erdnüsse

Tipp

* Ist die *Erdnussbutter*
zu fest oder klebrig? Einfach einen Schuss heißes
Wasser hinzufügen und
gut umrühren.

1 Die später als Topping verwendete Beerenmarmelade
frisch kochen oder schon vorbereitet im Kühlschrank
lagern (Rezept siehe Seite 213).

2 Den halben Apfel ganz klein schneiden oder raspeln.
Alternativ kann man auch eine halbe Banane zerdrücken.

3 Die Frucht mit Haferflocken, Wasser, 50 ml Pflanzendrink und Salz in einen Topf geben und auf dem Herd
unter ständigem Rühren erhitzen. Nach 3 Min. vom Herd
nehmen, etwas Erdnussbutter und den restlichen Pflanzendrink unterrühren. Falls es süßer sein soll, kann ein Teelöffel
der aufgelisteten Süßungsmittel verwendet werden.

4 Den Haferbrei in eine Bowl füllen, die Beerenmarmelade
und etwas Erdnussbutter daraufgeben und mit ein paar
frischen Beeren und Erdnüssen dekorieren.

Die PB&J-Bowl ist schon durch meinen Food-Kanal auf Instagram bekannt und beliebt. Die Inspiration für dieses Gericht
kommt natürlich aus Amerika, wo »Peanut Butter & Jelly« ein
wahrer Klassiker ist – auf Toast und Sandwich. Die Aromen
dieser süß-salzigen Kombination sind hier die gleichen, aber
mit natürlichen Lebensmitteln und ohne Zucker. Und das
selbst bei der Marmelade!

NÄHRWERTE CA. 490 KCAL – 16 G PROTEIN – 53 G KOHLEN-
HYDRATE – 11 G BALLASTSTOFFE – 22 G FETT (19 G UNGESÄTTIGT)

WARMER NUSS-PORRIDGE
mit gebratenen Früchten

Ca. 10 Min.

▸ *20 g Nüsse und Kerne (z. B. Mandeln und Kürbiskerne)*
▸ *3–4 dünne Scheiben Ingwer*
▸ *50 g Haferflocken*
▸ *2 TL Samen (z. B. Hanfsamen und Leinsamen)*
▸ *100 ml Wasser*
▸ *100 ml Pflanzendrink (Hafer- oder Reisdrink)*
▸ *1 TL Ceylon-Zimtpulver*
▸ *1 Prise Salz*
▸ *etwas Vanille (gemahlen)*

TOPPINGS:
▸ *100 g Obst (z. B. Banane, Apfel oder Pflaumen), 1 TL Kokosöl, Ceylon-Zimtpulver, Vanille (gemahlen)*

Info

* Warum *Nüsse und Kerne* so gesund sind? Mehr auf Seite 38.

1 Nüsse und Kerne grob hacken und die Ingwerscheiben so klein wie möglich schneiden. Alternativ zu Ingwerpulver greifen.

2 In einem Topf Nüsse, Kerne, Haferflocken, Samen, Salz, Wasser, 50 ml Pflanzendrink und die Gewürze auf dem Herd bei geringer Hitze 3 Min. köcheln lassen. Anschließend den Topf beiseitestellen und den restlichen Pflanzendrink unterrühren.

3 Die Früchte nach Bedarf waschen, schälen, putzen und klein schneiden und mit Kokosöl, Zimt und Vanille in einer Pfanne anbraten. Wenn man harte Früchte verwendet (wie z. B. einen Apfel), sollte man etwas Wasser hinzufügen. So verteilen sich die Gewürze besser und das Obst wird angenehm weich.

4 Den Porridge in eine Bowl geben und mit den gebratenen Früchten garnieren.

Früchte mit Zimt und Vanille braten – diese Idee stammt nicht von mir. Meine Mama macht es schon seit Jahren, am liebsten mit Äpfeln und Bananen. Jedes Mal riecht die ganze Wohnung nach Bratapfel und gebackener Banane. Dabei muss man bei diesem Rezept kein schlechtes Gewissen haben – immerhin kommt es ganz ohne Zucker und Butter aus im Vergleich zu einem klassischen Bratapfel. Was meine Mutter noch liebt? Ganz eindeutig: Nüsse. Aus diesem Grund können wir unter dieses Rezept »Mamas Favorit« schreiben – ebenso wie unter das Rezept vom Kokos-Bananen-Kuchen auf Seite 191.

NÄHRWERTE CA. 498 KCAL – 16 G PROTEIN – 54 G KOHLEN-HYDRATE – 11 G BALLASTSTOFFE – 24 G FETT (17 G UNGESÄTTIGT)

FEIGEN-ZIMT-PORRIDGE
mit Feigenmarmelade und Pekannüssen

Ca. 25 Min.

› *50 g Feigen-Pekan-Marmelade*
(Rezept siehe Seite 214)
› *1/2 Apfel*
› *3–4 hauchdünne Scheiben Ingwer*
› *50 g Haferflocken*
› *150 ml Wasser*
› *150 ml Pflanzendrink*
(z. B. Haferdrink)
› *1 TL geschrotete Leinsamen*
› *1 TL Ceylon-Zimtpulver*

TOPPINGS:
› *1 kleine Feige, 10 g Pekannüsse,*
1 TL Kakaonibs

Tipp

* Bei frischen *Feigen* kann
man durchaus die Schale
mitessen!

1 Die Feigen-Pekan-Marmelade frisch zubereiten oder bereits vorbereitet im Kühlschrank lagern. Das Rezept befindet sich auf Seite 214.

2 Den halben Apfel und die Ingwerscheiben in möglichst kleine Stücke schneiden. Alternativ kann man 1/2 TL Ingwerpulver verwenden.

3 Die Apfel- und Ingwerstücke mit Haferflocken, Wasser, 100 ml Pflanzendrink, Leinsamen und Zimt in einem Topf auf dem Herd unter ständigem Rühren langsam erhitzen. Nach etwa 3 Min. den Topf beiseitestellen und den restlichen Pflanzendrink mit der Marmelade unterrühren. Etwas Marmelade für das Topping übrig lassen.

4 Die Feige waschen, aufschneiden und mit ein paar Pekannüssen, Kakaonibs und der restlichen Marmelade auf dem Haferbrei anrichten.

Marmelade kann noch viel mehr, als nur Aufstrich für Brot zu sein. Auch in Kombination mit Haferflocken ist sie ein Traum und eine willkommene Abwechslung zu meinem geliebten Nussmus. Feigen gehören außerdem zu den ältesten von Menschen konsumierten Früchten. Kleopatras Lieblingsfrucht ist extrem reich an vielen essenziellen Mineralien wie Magnesium, Kupfer oder Kalzium. Getrocknete Feigen haben sogar mehr Kalzium als Milch! Je reifer eine Feige ist, desto mehr Antioxidanzien enthält sie.

NÄHRWERTE CA. 617 KCAL – 12 G PROTEIN – 75 G KOHLEN-HYDRATE – 17 G BALLASTSTOFFE – 29 G FETT (23 G UNGESÄTTIGT)

Warmer Banana-Bread-Porridge
MIT RAWNOLA

Ca. 10 Min.

› 1 reife *Banane*
› 40 g Haferflocken
› 1 TL geschrotete Leinsamen
› 1 EL gehackte Haselnüsse
› 1 EL Rosinen
› 150 ml Pflanzendrink
› 100 ml Wasser
› 1 Prise Salz
› 1 TL Ceylon-Zimtpulver
› Vanille (gemahlen)
› 1/4 TL Kardamompulver

TOPPINGS:

› 20 g Ultimatives Rawnola
(Rezept siehe Seite 204),
1 TL Honig

Notiz

* Je brauner die *Banane*
ist, desto besser! Reife Bananen sind süßer und eig-
nen sich hierfür perfekt.

1 Ein Viertel einer Banane in Scheiben schneiden und für das Topping zur Seite legen. Die restliche Banane mit einer Gabel zerdrücken.

2 Die zerdrückte Banane mit Haferflocken, Leinsamen, Hasel-nüssen, Rosinen, Pflanzendrink, Wasser, Salz und Gewürzen in einem Topf auf dem Herd langsam erhitzen.

3 Ungefähr 3 Min. leicht köcheln lassen und dabei regelmäßig rühren.

4 Den Porridge in eine Bowl geben und mit den Bananenschei-ben, dem Rawnola (z. B. Ultimatives Rawnola, Seite 204) und etwas Honig anrichten.

Bananenbrot backe ich unglaublich gerne – aber wer hat schon jeden Tag Zeit zum Backen? Mit diesem Porridge kann man sich die Aromen von Bananenbrot innerhalb von 10 Min. in eine Schüssel zaubern. Ich genieße diesen Porridge gerne mit ein paar Kuschel-socken, einer Wärmflasche und einer Duftkerze – da wird mir gleich ganz warm ums Herz. Und natürlich ist dieses Gericht auch vegan möglich, wenn man den Honig gegen eine vegane Alternative wie Kokosblütenzucker oder Dattelsirup austauscht.

NÄHRWERTE CA. 502 KCAL – 12 G PROTEIN – 67 G KOHLEN-
HYDRATE – 11 G BALLASTSTOFFE – 19 G FETT (15 G UNGESÄTTIGT)

Herbstliche Bowl mit Zimt-Kürbis
UND QUINOA-PORRIDGE

Ca. 35 Min.

> *100 g Hokkaido-Kürbis*
> *1 TL Kokosöl*
> *2 TL Ceylon-Zimtpulver*
> *80 g ungekochte Quinoa (entspricht ca. 250 g gekochter)*
> *150 ml Pflanzendrink (Hafer- oder Reisdrink)*
> *100 ml Wasser*
> *1 Prise Salz*
> *etwas Vanille (gemahlen)*
> *1/4 TL Kardamompulver*
> *1–2 TL Dattel- oder Ahornsirup*

TOPPINGS:
> *2 kleine Feigen, 1 Handvoll Trauben*

Info

Quinoa gibt es in etlichen Sorten – die drei bekanntesten Arten sind weiß, rot oder schwarz. Weißes Quinoa schmeckt dabei am mildesten.

1 Den Backofen auf 180 Grad vorheizen.

2 Den Kürbis in Stücke schneiden und die Kerne entfernen. Die Stücke mit Kokosöl bestreichen, mit 1 TL Zimt bestäuben und 20–30 Min. auf einem mit Backpapier ausgelegten Blech im Ofen backen. Je nach Größe der Stücke kann die Backzeit variieren.

3 Währenddessen die Quinoa abbrausen und in einem Topf mit Pflanzendrink, Wasser, Salz, Vanille, Kardamom und dem restlichen Zimt bei mittlerer Hitze aufkochen lassen. Anschließend die Hitze reduzieren. Nach 15 Min. den Topf vom Herd nehmen, mit einem Deckel schließen und so lange ziehen lassen, bis der Kürbis im Ofen gar ist. Vor dem Servieren den Porridge mit Dattel- oder Ahornsirup abschmecken.

4 Den Quinoa-Porridge in eine Bowl füllen. Mit den gewaschenen und evtl. klein geschnittenen Feigen, Trauben und dem gerösteten Zimt-Kürbis garnieren.

Wenn es im Herbst draußen ungemütlich kalt wird, ist der Duft von geröstetem Zimt-Kürbis, der sich langsam in den heimischen vier Wänden verbreitet, umso schöner. Neben Kürbis ist auch Quinoa eher aus herzhaften Rezepten bekannt, doch als Alternative zu Haferflocken eignet sie sich toll als Porridge.

NÄHRWERTE CA. 562 KCAL – 16 G PROTEIN – 94 G KOHLEN-HYDRATE – 12 G BALLASTSTOFFE – 11 G FETT (6 G UNGESÄTTIGT)

RAWNOLA-BOWL

Ca. 10 Min.

‣ *50 g Rawnola (z. B. Früchte-Rawnola siehe Seite 207)*
‣ *150 ml Pflanzendrink*

＊ Mein Früchte-Rawnola ist im Handumdrehen selbst gemacht und kommt ganz ohne Sirup, hinzugefügten Zucker oder Öle aus. Dafür enthält es Trockenfrüchte, viele Vitamine und Ballaststoffe. Ein gesundes Frühstück für echten Genuss am Morgen.

1 Das Rawnola selbst herstellen. Zwei Varianten finden sich auf den Seiten 204 bzw. 207. Es schmeckt zwar besser, wenn es am Vortag zubereitet wurde, aber im Notfall ist das Früchte-Rawnola auch in maximal 10 Min. fertig – also keine Gedanken machen!

2 Zum liebsten Pflanzendrink greifen und sofort genießen! Wenn man zu lange wartet, wird das Rawnola unter Umständen zu weich.

Müsli mit Milch habe ich meine ganze Kindheit über gegessen. Und ja, ich habe mich deshalb schon abends im Bett auf den nächsten Morgen gefreut. Doch heutzutage werden klassische Müsli-Mischungen oder fertige Granolas von der Industrie mit enormen Mengen an Zucker »aufgepeppt«. Auch die im Bioladen erhältlichen Produkte. Dadurch steigt auf Dauer unser Verlangen nach Süßem: Unsere Geschmacksrezeptoren passen sich diesem neuen Süße-Level so schnell an, dass alles andere plötzlich »langweilig« schmeckt. Ich kaufe nie ein Müsli, ohne mir die Zutatenliste durchzulesen. Rohrzucker, Reissirup, Maltose, Dextrose, Glucose- oder Fructosesirup – das sind nur einige Begriffe, nach denen man Ausschau halten sollte. Auch Palmfette, günstiges Sonnenblumenöl, Aromen und Emulgatoren finden in vielen Crunchy-Müslis ihren Platz. Das ist in geringen Maßen in Ordnung, aber jeden Morgen eine ganze Schüssel davon muss nicht sein. Mehr zum Thema Zucker ab Seite 42.

NÄHRWERTE CA. 217 KCAL – 6 G PROTEIN – 28 G KOHLEN-HYDRATE – 8 G BALLASTSTOFFE – 8 G FETT (6 G UNGESÄTTIGT)

Cremiger Buchweizen-
MILCHREIS

Ca. 25 Min.
+ optional Einweichen mind. 1 Std.

› *50 g ungekochter Buchweizen*
(entspricht ca. 90 g eingeweichtem)
› *100 ml cremige Kokosmilch*
(60 % Kokosanteil)
› *100 ml Wasser*
› *1 Prise Salz*
› *etwas Muskat*
› *1 TL Ceylon-Zimtpulver*
› *Vanille (gemahlen)*
› *50 g Obst (z. B. Apfel, Birne,*
Banane)
› *20 g Nüsse (z. B. Mandeln und*
Haselnüsse)
› *10 g Rosinen*
› *optional: 1 TL Dattelsirup,*
Ahornsirup oder Agavendicksaft

Tipp

* Wer an Kalorien sparen möchte
oder gerade keine Kokosmilch zur
Hand hat, kann die cremige Kokosmilch auch durch Pflanzendrink
und etwas Apfelmus ersetzen!

1 Den ungekochten Buchweizen mit Kokosmilch, Wasser, Salz und Gewürzen in einem Topf ca. 20 Min. köcheln lassen. Einge- weichter Buchweizen benötigt rund 10–15 Min.

2 In der Zwischenzeit das Obst waschen, putzen, nach Bedarf schälen und in kleine Stücke schneiden. Die Nüsse hacken. Etwas von den Früchten, Rosinen und Nüssen beiseitelegen. Der Rest kommt zum Buchweizen und wird 5 Min. auf kleinster Hitze mitgekocht.

3 Den Milchreis nochmals mit Gewürzen abschmecken. Wird mehr Süße gewünscht, gerne etwas Dattelsirup, Ahornsirup oder Agavendicksaft unterrühren.

4 In eine Bowl füllen, mit den übrigen Früchten, Rosinen und Nüssen garnieren und servieren.

Was seit über 5.000 Jahren angebaut wurde und in Russland zur täglichen Kost gehörte, war bei uns lange Zeit in Vergessenheit geraten. Der nussig schmeckende Buchweizen hat mit unserem Weizen nichts zu tun. Buchweizen ist glutenfrei, reich an langsam verdaulichen Kohlenhydraten, Vitaminen und Mineralien. So decken 100 g Buchweizen über 50 % des täglichen Manganbedarfs und ca. 25 % des Magnesiumbedarfs, was sich u. a. positiv auf Blut- zucker und Blutdruck auswirkt.

NÄHRWERTE CA. 558 KCAL – 11 G PROTEIN – 59 G KOHLEN- HYDRATE – 7 G BALLASTSTOFFE – 31 G FETT (11 G UNGESÄTTIGT)

Schoko-Himbeer-Pudding
MIT CHIASAMEN

Ca. 20 Min.

› 15 g Chiasamen

› 1 TL rohes Kakaopulver,
stark entölt

› 1 Prise Salz

› 1/2 TL Ceylon-Zimtpulver

› 1/2 reife Banane

› 25 g Avocado

› 50 ml cremige Kokosmilch
(ca. 60 % Kokosanteil)

› 50 ml Pflanzendrink
(Kokos- oder Mandeldrink)

› 50 g Himbeeren

› optional: 1 TL Dattelsirup,
Ahornsirup oder Honig

Notiz

* Dieses Rezept eignet sich
auch als Overnight-Variante.
Einfach abends zubereiten,
über Nacht im Kühlschrank
quellen lassen und am
nächsten Tag genießen.

1 In einer Schüssel Chiasamen mit Kakaopulver, Salz und Zimt mischen.

2 Banane und Avocado cremig mixen und zu den Chiasamen geben.

3 Nun Kokosmilch und Pflanzendrink zu der Mixtur geben und alles gut durchmischen. Nach Bedarf dabei Dattelsirup, Ahornsirup oder Honig hinzufügen.

4 Zuletzt die Himbeeren unterrühren: Sie können frisch oder gefroren sein. Anfangs scheint die Konsistenz noch zu flüssig, aber nach ungefähr 15 Min. sind die Chiasamen aufgequollen und verwandeln das Ganze in einen Pudding.

Bei einem Chiapudding macht man sich die enorme Quellkraft der Chiasamen zunutze. Generell bin ich ja Verfechterin von unseren lokalen Leinsamen, aber Chiasamen eignen sich hierfür zugegebenermaßen am besten. Sie sind geschmacklich neutral. Daher kann man mit den restlichen Zutaten im Handumdrehen leckere Geschmacksrichtungen kreieren. Mit Avocado und Kokosmilch entsteht eine wunderbar cremige Konsistenz. Dieses Gericht gehört zu den kalorien- und kohlenhydratarmen Rezepten. Trotzdem hält es lange satt und ist unglaublich reich an wichtigen Nährstoffen wie Vitaminen und Mineralien.

NÄHRWERTE CA. 310 KCAL – 7 G PROTEIN – 18 G KOHLEN-HYDRATE – 6 G BALLASTSTOFFE – 21 G FETT (10 G UNGESÄTTIGT)

Süßes Bananen-Kokos-
RÜHREI

Ca. 15 Min.

> ⟩ *1 Banane*
> ⟩ *2 Eier (Gr. M)*
> ⟩ *2 EL cremige Kokosmilch*
> *(ca. 60 % Kokosanteil)*
> ⟩ *1 TL Kokosöl*

TOPPINGS:
> ⟩ *1 TL Kokosraspeln,*
> *10 g gehackte Mandeln, 2 TL*
> *Mandelmus, 1/2 Birne*

Info

✳ *Eier von Hühnern, die
an der frischen Luft leben
durften, enthalten mehr
Vitamine und Omega-3-
Fettsäuren!*

1 Die Banane schälen und in Scheiben schneiden. Am besten eine überreife Banane verwenden.

2 Die Eier in einer Schüssel verquirlen und die Kokosmilch dazugeben. Ich verwende am liebsten die cremige mit 60 % Kokosanteil.

3 Ein paar Bananenscheiben für das Topping beiseitelegen. Die restlichen Stücke zum Ei geben und unterrühren. Anschließend in einer Pfanne mit etwas Kokosöl anbraten. Ich mag es am liebsten, wenn das Rührei nicht komplett durchgebraten, sondern noch ein wenig weich ist.

4 Das Rührei mit Kokosraspeln und gehackten Mandeln garnieren. Etwas Mandelmus dazugeben. Die Birne in Scheiben aufschneiden und das Ei mit den restlichen Bananen- und Birnenscheiben dekorieren.

Ein süßes Rührei? Mag sein, dass das nach einer ungewohnten Kombination klingt, aber Banane und Ei passen wirklich perfekt zusammen. Die Banane wird beim Erhitzen ganz zart und der fruchteigene Zucker karamellisiert in der Pfanne. Dadurch schmeckt sie noch intensiver und süßer. Wieder mal ein Gericht, das ich von meiner Mutter abgeschaut habe. Daher war für mich diese Geschmackskombination immer vollkommen »normal« – auch wenn andere Menschen bei der Vorstellung die Stirn runzeln.

NÄHRWERTE CA. 524 KCAL – 20 G PROTEIN – 35 G KOHLEN-
HYDRATE – 7 G BALLASTSTOFFE – 34 G FETT (18 G UNGESÄTTIGT)

Spinat-Kichererbsen-Pfannkuchen
MIT POCHIERTEM EI

Ca. 15 Min.

- › 100 g Cocktailtomaten
- › 50 g Avocado
- › 60 g Kichererbsen, aus dem Glas
- › 3 Eier (Gr. M)
- › 20 g frischer Babyspinat
- › 1 TL Avocadoöl
- › 1 TL Essig
- › 1 Schuss Zitronensaft
- › Muskatnuss
- › 1 gr. Prise Salz
- › Pfeffer
- › 2 TL Tahini (Sesammus)

NÄHRWERTE CA.
548 KCAL – 30 G PROTEIN –
16 G KOHLENHYDRATE –
10 G BALLASTSTOFFE –
39 G FETT (26 G UNGE-
SÄTTIGT)

1 Tomaten waschen, putzen und ebenso wie die Avocado klein schneiden und beiseitestellen.

2 Die Kichererbsen in einem Sieb mit Wasser gründlich abspülen und mit zwei Eiern, Zitronensaft, Muskat, Pfeffer und Salz zu einem Teig mixen.

3 Den Spinat putzen, waschen, trocken schütteln und die Blätter klein zupfen. Zum Teig geben und unterheben.

4 Etwas Avocadoöl in eine Pfanne geben und aus dem Pfann-kuchenteig kleine Taler braten.

5 Das dritte Ei in einer kleinen Schale aufschlagen, sodass das Eigelb als Ganzes erhalten bleibt. Einen Topf bis zur Hälfte mit Wasser füllen, Essig dazugeben und das Wasser zum Sieden brin-gen. Die Temperatur des Herds anschließend senken und mit einem Kochlöffel das Wasser kräftig rühren, sodass eine Art »Whirlpool« entsteht. Das rohe Ei vorsichtig in die Mitte des Strudels legen und 3–4 Min. im Wasser lassen. Das Eiklar legt sich dank des Strudels um das Eigelb und verfestigt sich dort.

6 Tomaten und Avocado mit den Pfannkuchentalern und dem pochierten Ei in einer Bowl anrichten und mit Salz und Pfeffer bestreuen.

7 Für die Soße einfach das Tahini (Sesammus) pur verwenden oder mit ein wenig Wasser verdünnen.

RÜHREI MIT GEMÜSE
und geröstetem Buchweizen

Ca. 15 Min.

› *100 g Zucchini*
› *50 g Pilze*
› *1 TL Avocadoöl*
› *Chilipulver*
› *Sulz & Pfeffer*
› *100 g Cocktailtomaten*
› *1 Handvoll frische Petersilie*
› *3 Eier (Gr. M)*
› *20 g Buchweizen*

1 Die Zucchini und Pilze putzen und in kleine Stücke oder Scheiben schneiden. In eine Pfanne geben, mit etwas Avocadoöl anbraten und mit mit Chili, Salz und Pfeffer abschmecken. Anschließend die Tomaten waschen, putzen und klein schneiden. Die Petersilie waschen, trocken schütteln und grob hacken. Beides mit dem Gemüse weiter anbraten.

2 In der Zwischenzeit die Eier in einer Schüssel verquirlen, zum Gemüse geben und mitbraten. Das Gemüse sollte bereits etwas angebraten und braun sein.

3 Währenddessen den trockenen Buchweizen ohne Fett in einer separaten, beschichteten Pfanne bei kleiner Hitze 2–3 Min. rösten. Regelmäßig schwenken und vom Herd nehmen, sobald der Buchweizen goldbraun wird.

4 Das Gemüse-Rührei nach Belieben würzen, in eine Bowl geben und den gerösteten Buchweizen darüberstreuen.

In der Fitnessbranche wäre eine kalorien- und fettarme »Eiklar«-Variante wahrscheinlich angesagter– aber die goldene (Ei-)Mitte lasse ich nur ungern weg. So würde man nämlich auf ca. 90 % aller Nährstoffe und Vitamine verzichten. Außerdem ist das Eigelb eins der wenigen Nahrungsmittel, welches das »Sonnenlicht«-Vitamin D enthält, woran es vielen Menschen mangelt. Was mir übrigens noch wichtig ist: ökologische Freilandhaltung!

NÄHRWERTE CA. 389 KCAL – 25 G PROTEIN – 23 G KOHLEN-HYDRATE – 5 G BALLASTSTOFFE – 21 G FETT (12 G UNGESÄTTIGT)

Tipp

✳ Dieses Grundrezept für Rührei eignet sich toll als Resteverwertung für all das Gemüse, das man noch im Kühlschrank findet. Gerne kreativ werden!

Gebackenes Low-Carb-
SPIEGELEI

ca. 30 Min.

› 50 g Gemüse (z. B. Paprika
und Spinat)
› 2 Eier (Größe M)
› Salz
› Pfeffer
› Chilipulver
› 1 TL Avocadoöl

TOPPINGS:
› 1 TL Olivenöl

Tipp

✱ Zu wenig Kalorien? Kein
Problem. Einfach etwas Feta
unter das Gemüse mengen
oder eine cremige Avocado
als Beilage wählen – beides
passt hervorragend zum
Grundrezept. Low Carb
kann so lecker sein!

1 Den Ofen auf 180 Grad vorheizen.

2 Für diese Bowl eignet sich allerlei Gemüse – Tomaten, Zucchini, Oliven oder Pilze. Einfach schauen, was der Kühlschrank so hergibt! Ich habe hier rote Paprika und Spinat verwendet. Beides waschen, die Paprika in Würfel und den Spinat grob klein schneiden.

3 1 Ei mit einer Gabel verquirlen, das Gemüse dazugeben, alles verrühren und würzen. Nun eine kleine, ofenfeste Bowl mit Avocadoöl einfetten und die Gemüse-Ei-Mischung einfüllen.

4 Das Gemüse so verteilen, dass eine Art Loch in der Mitte der Bowl entsteht. Hier kommt das zweite Ei rein – als »Spiegelei«.

5 Das Ganze 20–25 Min. im Ofen backen, anschließend mit etwas Olivenöl toppen und auslöffeln!

Eier braten, pochieren, kochen – kennen wir alles. Aber schon mal Eier im Ofen gebacken? Dauert zwar ein wenig länger, aber dafür kann man die Backzeit anderweitig produktiv nutzen … zum Beispiel zum Schminken und Haaremachen. Somit ein perfektes Gericht für den alltäglich stressigen Morgen, denn die tatsächliche »Zubereitungszeit«, in der man wirklich aktiv sein muss, beträgt höchstens 5 Min. Auch ideal für jeden, der eine kohlenhydratarme Ernährung am liebsten mag!

NÄHRWERTE CA. 259 KCAL – 16 G PROTEIN – 3 G KOHLEN-
HYDRATE – 1 G BALLASTSTOFFE – 20 G FETT (13 G UNGESÄTTIGT)

Smoothie Bowls

3

Smoothie Bowls sind ein Food-Trend, der für mich unglaubliches Langzeit-Potenzial hat. Er begegnet mir an allen Orten der Welt – von Bali über London bis nach L. A. Eine Smoothie Bowl besteht aus einem sehr dickflüssigen Smoothie, der mit allen möglichen Toppings serviert und dann direkt ausgelöffelt werden kann. Das Ergebnis ist eine eher süße Speise, die cremig, erfrischend leicht und meist fruchtig ist. Smoothie Bowls sind gesund, sehen optisch sehr ansprechend aus und sind wirklich im Handumdrehen zubereitet – alles, was man braucht, ist ein Mixer. Außerdem geben sie schnelle Energie, da die bereits zerkleinerten Zutaten einfacher vom Körper verarbeitet werden können.

AÇAÍ-BOWL

Ca. 10 Min.

> *100 g gefrorenes Açaí-Püree*
> *1 Banane*
> *50 ml Pflanzendrink*

TOPPINGS:

> *1/2 Banane, 1 Handvoll Beeren, ein paar Mandeln, 2 TL Kokosraspeln*

NÄHRWERTE CA.

390 KCAL – 7 G PROTEIN – 46 G KOHLENHYDRATE – 12 G BALLASTSTOFFE – 21 G FETT (12 G UNGESÄTTIGT)

Info

* Unglaublich, aber wahr: Die *Açaí*-Beere enthält 0 g Zucker!

1 In einem Mixer das Açaí-Püree mit der Banane – frisch oder gefroren – und dem Pflanzendrink pürieren.

2 Bei den Toppings gerne der Fantasie freien Lauf lassen. Klassischerweise schneide ich 1/2 Banane in Scheiben und dekoriere 1 Handvoll Beeren, ein paar Mandeln sowie Kokosraspeln in typischen Açaí-Bowl-»Streifen«.

Nicht ohne Grund habe ich mein eigenes Açaí-Püree in den deutschen Supermärkten. Dadurch bin ich zugegebenermaßen etwas »vorbelastet«. Trotzdem spreche ich nur zu gerne über die gesundheitlichen Vorteile und die besonderen Eigenschaften von Açaí. Ganz wichtig vorweg: Lieber gefrorene Açaí-Püree-Platten als getrocknetes Pulver verwenden. Açaí ist tiefgefroren frischer, enthält noch beinahe alle Vitamine und Nährstoffe und schmeckt einfach um Welten besser. Die Açaí-Beeren für mein Püree werden in Brasilien von den Açaí-Palmen gepflückt. Das heißt: Die Palmen werden nicht abgeholzt und der Regenwald muss gezwungenermaßen geschützt werden. Da die Beeren zu rund 90 % aus Kern bestehen, werden sie zuerst entkernt und dann zu Brei verarbeitet. Dieser wird bei hochqualitativem Açaí schockgefroren, wodurch die wertvollen Nährstoffe erhalten bleiben. Açaí hat eine sehr hohe antioxidative Fähigkeit, die man als ORAC-Einheit angeben kann. Açaí hat dabei einen Wert von über 100.000, während Heidelbeeren nur um die 9.000 und Äpfel nur ca. 3.000 aufweisen (mehr über Antioxidanzien auf Seite 49). Und um dieser Informationsflut ein Ende zu setzen: Eine Açaí-Bowl schmeckt unglaublich lecker – und ist erfahrungsgemäß sogar bei Männern beliebt.

SCHOKO-AÇAÍ-BOWL –
ohne Banane

Ca. 10 Min.

› *50 g gefrorene, gemischte Beeren*
› *50 g gefrorene Mango*
› *100 g gefrorenes Açaí-Püree*
› *2 TL rohes Kakaopulver,*
  stark entölt
› *100 ml Pflanzendrink*

TOPPINGS:

› *20 g gefrorene Mango, ein paar*
  Himbeeren, 2 TL Kakaonibs,
  ein paar Maulbeeren, 1 TL
  Blütenpollen

Info

* *Mangos* zählen zu den
Früchten mit dem höchsten
Vitamin-A-Gehalt &
enthalten ähnliche Mengen
an Vitamin C wie eine
Zitrone!

1 Die Beeren mit Mango, Açaí-Püree, Kakaopulver und einem beliebigen Pflanzendrink in einen Mixer geben und cremig pürieren.

2 In eine Bowl füllen und nach Lust und Laune dekorieren. Ich schneide dafür gefrorene Mango in Stücke und lege sie mit den Himbeeren auf die Schoko-Açaí-Bowl. Anschließend mit Kakaonibs, Maulbeeren und Blütenpollen bestreuen.

Ja, eine Açaí-Bowl kann man auch ohne Banane zubereiten. Das ist die Antwort auf eine der häufigsten Fragen, die mir in Bezug auf meine geliebte Açaí-Bowl gestellt wird. Gefrorene Mango und gefrorene Beeren stellen eine wunderbare Alternative dazu dar und lassen die Bowl noch exotischer schmecken. Am liebsten – welch Überraschung – füge ich noch etwas Kakao hinzu und verwandle das Ganze in eine Schokoladen-Bowl. Ich traue mich gar nicht, das als »Trick« zu bezeichnen – dafür ist das mit dem Kakaopulver dann doch zu simpel. Die unzähligen Antioxidanzien der Açaí-Beere kombiniert mit denen des Kakaopulvers unterstützen die natürliche Anti-Aging-Wirkung von innen heraus.

NÄHRWERTE CA. 292 KCAL – 8 G PROTEIN – 21 G KOHLEN-HYDRATE – 9 G BALLASTSTOFFE – 17 G FETT (10 G UNGESÄTTIGT)

Cremige Süßkartoffel-
SMOOTHIE-BOWL

Ca. 70 Min.

› *200 g Süßkartoffel*

› *300 ml Pflanzendrink (Hafer-
oder Reisdrink passt besonders gut)*

› *50 ml cremige Kokosmilch
(ca. 60 % Kokosanteil)*

› *1 Prise Salz*

› *1 TL Ceylon-Zimtpulver*

› *Kardamompulver*

› *Muskatpulver*

› *optional: 1 entsteinte Dattel,
2 EL Pflanzen-Proteinpulver (meine
Empfehlung: Leinsamenprotein)*

TOPPINGS:

› *1 Handvoll Heidelbeeren*

······· *Tipp* ·······

* In warmen Monaten bereite ich
die Süßkartoffeln vor und friere
sie in Scheiben ein, um mir eine
erfrischende Version des Rezepts
mixen zu können. Deren Konsistenz erinnert an Eiscreme!

1 Die Süßkartoffel waschen und putzen. Anschließend mit einer
Gabel ein paar Löcher in die Schale stechen, ungeschält im
Ganzen auf ein Backblech legen und bei 180 Grad ca. 30–60 Min.
im Ofen garen – je nach Dicke der Kartoffel. Danach kurz abkühlen
lassen. Wer möchte, darf die Haut abziehen. Ich lasse sie aber gerne
dran. Meine liebste Alternative zum Garen im Ofen ist das Dämpfen
im Schnellkocher. Dafür wasche und putze ich die Süßkartoffel und
lasse sie dann als Ganze in nur 15 Min. gar werden. Auch Kochen
ist möglich. Die Hauptsache ist, dass die Süßkartoffel weich und
pürierfähig wird. Man kann die Süßkartoffel auch vorbereiten und
im Kühlschrank aufbewahren!

2 Für die Zubereitung der Bowl einfach die Süßkartoffel mit dem
Pflanzendrink, etwas Kokosmilch – für eine extracremige Konsistenz –, Salz und den Gewürzen mixen. Nach Belieben Pflanzenprotein
beigeben. Wer es süßer mag, kann noch eine Dattel hinzufügen.

3 Die Bowl mit Heidelbeeren garnieren und genießen!

Alle Nicht-Bananen-Liebhaber kommen hier auf ihre Kosten. Die
Süßkartoffel ist der Star des Rezepts. Bitte nicht vom Wort »Kartoffel« im Smoothie-Bowl-Kapitel abschrecken lassen. Eine »Süß«-Kar-
toffel ist eben süßer, als man denkt! Ihr Zucker wird vom Körper nur
langsam aufgenommen, weshalb eine Blutzucker-Achterbahnfahrt
nicht zu befürchten ist – Zucker ist eben nicht gleich Zucker.

NÄHRWERTE CA. 447 KCAL – 6 G PROTEIN – 70 G KOHLEN-
HYDRATE – 10 G BALLASTSTOFFE – 16 G FETT (5 G UNGESÄTTIGT)

Your Daily Veggies
SMOOTHIE-BOWL

Ca. 10 Min.

> 50 g Rote Bete (roh
> oder gekocht)
> 1 Handvoll Babyspinat
> 1/2 Avocado
> 100 g gefrorene Beeren
> 2 TL geschrotete Leinsamen
> 1 entsteinte Dattel
> (nach Belieben mehr)
> 100 ml Pflanzendrink
> 1 TL Ceylon-Zimtpulver
> optional: 10 g Proteinpulver
> (z. B. Erbsenprotein)

TOPPINGS:
> 1 Handvoll Beeren, 1/4 Pfirsich,
> Blütenpollen

1 Das Gemüse nach Bedarf waschen, putzen, schälen und mit den gefrorenen Beeren, den geschroteten Leinsamen, der Dattel und dem Pflanzendrink cremig mixen. Auch Zimt passt geschmacklich sehr gut.

2 Nach Belieben kann auch Proteinpulver hinzugefügt werden. Ich verwende hier gerne reines Erbsenprotein, ohne Zusätze oder künstliche Aromen.

3 Die Bowl mit Beeren, ein paar Pfirsichstücken und Blütenpollen garnieren. Der Kreativität sollen hier aber keine Grenzen gesetzt werden.

Voilà! Eine Smoothie Bowl, welche die tägliche Ration an Gemüse schon mal ziemlich gut abdeckt und dabei so gar nicht »gemüsig« schmeckt! Ich kann sie also jedem empfehlen, der (noch) nicht gerne allzu viel Gemüse zu sich nimmt und es deshalb lieber klein mixen und verstecken möchte. Die schöne Farbe der Bowl kommt von der Roten Bete, die für mich eine echte Wunderknolle ist. Nur sehr wenige Gemüsesorten können mit ihrem Reichtum an Vitaminen, essenziellen Mineralstoffen und sekundären Pflanzenstoffen mithalten. Zusammen mit dem Spinat und der Avocado haben wir hier eine Ballung von wertvollen Nährstoffen, die uns den Tag über versorgen. Und nicht zu vergessen – meine hochgelobten Leinsamen, die mit ihren Ballaststoffen die Verdauung in Schwung bringen und für lange Zeit satt machen.

NÄHRWERTE CA. 432 KCAL – 8 G PROTEIN – 35 G KOHLENHYDRATE – 18 G BALLASTSTOFFE – 27 G FETT (21 G UNGESÄTTIGT)

Kurkuma-Latte-
SMOOTHIE-BOWL

Ca. 10 Min.

› *2–3 dünne Scheiben Ingwer*
  (Bio-Qualität)
› *100 g gefrorene Mango*
› *1 gefrorene Banane*
› *1 TL Öl (am liebsten Leinöl)*
› *250 ml Pflanzendrink*
› *1/2 TL Kurkumapulver*
› *1/2 TL Ceylon-Zimtpulver*
› *etwas Pfeffer*
› *1 Prise Kardamompulver*

TOPPINGS:
› *1/4 Banane, Blütenpollen*

Info

* *Kurkuma* »braucht« Fett und
Pfeffer. Der Teelöffel Öl im
Rezept kommt daher, dass Kurkuma fettlöslich ist. Das heißt:
Der Körper kann das Gewürz
beim Verzehr in Kombination
mit Fett viel besser aufnehmen.
Auch durch schwarzen Pfeffer
kann man die Verwertbarkeit
deutlich steigern.

1 Die Ingwerscheiben klein hacken. Sollte der Ingwer keine
Bio-Qualität haben, bitte die Schale vorher gründlich abwaschen.

2 Den frisch gehackten Ingwer mit der gefrorenen Mango,
der gefrorenen Banane, dem Öl, dem Pflanzendrink und dem
Kurkumapulver cremig mixen.

3 Die Gewürze sind hier entscheidend. Zimt und Pfeffer sind für
mich ein Muss. Etwas Kardamom gibt dem Ganzen noch den
letzten Schliff. In den Mixer geben und nochmals gut vermischen.

4 Die Mixtur in eine Bowl geben und mit Bananenstücken ver-
zieren.

Eine Kurkuma-Latte-Smoothie-Bowl am Morgen vertreibt vielleicht
nicht alle, aber dafür ganz schön viele Sorgen. Geschmacklich etwas
würzig und orientalisch, kombiniert mit leichter Süße. Ich bin mir
zwar sicher, dass ich hier nicht bei jedem den Geschmacksnerv treffen
werde, aber im Leben scheiden ja bekanntlich viele Dinge die Geister.
Kurkuma wird oft als Heilpflanze verwendet, hemmt Alterungsprozesse, ist auf ganz natürliche Art und Weise entzündungshemmend
und wirkt somit einer Vielzahl an Krankheiten und Schmerzursachen
entgegen (mehr über Kurkuma auf Seite 41).

NÄHRWERTE CA. 307 KCAL – 4 G PROTEIN – 46 G KOHLEN-
HYDRATE – 7 G BALLASTSTOFFE – 12 G FETT (10 G UNGESÄTTIGT)

Low-Carb-
BEEREN-BOWL

Ca. 10 Min.

➤ *150 g tiefgefrorene,
gemischte Beeren*
➤ *100 ml Mandeldrink*
➤ *2 TL Mandelmus*

TOPPINGS:
➤ *30 g gemischte Beeren,
10 g Mandeln, Blütenpollen*

Tipp

✻ Je nach Geschmack
kann man noch etwas Süße
hinzufügen. Dafür eignet
sich eine entsteinte Dattel,
Agavendicksaft, Honig oder
Dattelsirup – oder auch
einfach ein Stück Banane.

1 Die tiefgefrorenen Beeren mit der Mandelmilch und dem
Mandelmus in einen Mixer geben und cremig pürieren.

2 In eine Bowl füllen, mit frischen Beeren und Mandeln dekorieren und Blütenpollen darüberstreuen.

Diese schnelle Smoothie Bowl ist fruchtig, kinderleicht und
perfekt für jeden, der in den Bereichen Kalorien, Kohlenhydrate
& Zucker ein wenig einsparen möchte. Denn Beeren gehören mit
rund 7 g Kohlenhydraten und Zucker sowie circa 40 kcal pro
100 g zu den leichtesten Früchten. Trotzdem sind sie vollgepackt
mit Antioxidanzien, Vitaminen und Ballaststoffen. Die Textur der
Bowl wird durch das Mandelmus ganz cremig – komplett ohne
die klassischerweise dafür benutzte Banane. Dafür bekommt man
noch eine Ladung gesunde Fette und Proteine geliefert. Man
kann den Nussdrink und das Nussmus auch gegen jede andere
beliebige Sorte austauschen. Einfach kreativ werden oder das
verwenden, was gerade zur Hand ist.

NÄHRWERTE CA. 256 KCAL – 8 G PROTEIN – 16 G KOHLEN-
HYDRATE – 10 G BALLASTSTOFFE – 16 G FETT (14 G UNGESÄTTIGT)

Protein-Schoko-Bowl
ALL TIME FAVORITE

Ca. 10 Min.

> ‣ *50 g gefrorene Zucchinischeiben*
> ‣ *1/2 Banane*
> ‣ *150 ml Kokosnusswasser*
> ‣ *2 TL geschrotete Leinsamen*
> ‣ *2 TL rohes Kakaopulver, stark entölt*
> ‣ *20 g Hanfprotein Pulver*

TOPPINGS:

> ‣ *1/2 Banane, 1 Handvoll Himbeeren, 1 TL Kokosraspeln, 1 TL Kakaonibs*

Info

* *Kokosnusswasser* ist das Sportlergetränk von Mutter Natur. Es hat isotonische Eigenschaften und gleicht einen durch Schwitzen verursachten Elektrolytverlust wieder aus.

1 Was sich immer in meiner Gefriertruhe befindet? Gedünstete und anschließend gefrorene Zucchinischeiben. Dafür schneidet man eine Zucchini in ca. 2 cm dicke Scheiben, dünstet sie 5–10 Min. in einem Topf oder Schnellkochtopf, legt sie auf Küchenpapier und lässt sie auskühlen. Falls es der Platz in der Gefriertruhe zulässt, friert man sie nebeneinander liegend auf einem Teller ein und füllt sie anschließend in einen Beutel um. So verhindert man, dass sie alle aneinanderkleben. Aber auch das ist kein Drama – einen »Turm« Zucchinischeiben kann man natürlich auch auseinanderbrechen.

2 Für die Bowl Zucchinischeiben, Banane – frisch oder gefroren –, Kokoswasser, Leinsamen, Kakaopulver und Proteinpulver mixen. Ich benutze hier am liebsten Hanfprotein. Für die Toppings die zweite Bananenhälfte in Scheiben schneiden und Himbeeren, Kokosraspeln und Kakaonibs auf der Bowl verteilen.

Meine liebste »Sportler«-Smoothie-Bowl. Morgens, nach dem Training oder auch zwischendurch. Sie liefert wertvolle Proteine, unglaublich viele Ballaststoffe und ist schön sparsam bei den Kohlenhydraten. Die Zucchini als »unsichtbare« Banane zaubert eine cremige Textur, ist geschmacksneutral und hilft dabei, Zucker einzusparen. Und das Hanfprotein ist meist nicht allzu stark industriell verarbeitet: Es liefert neben ca. 45 % Proteingehalt alle essenziellen Aminosäuren, viele Ballaststoffe und ein optimales Verhältnis von Omega-3- zu Omega-6-Fettsäuren.

NÄHRWERTE CA. 324 KCAL – 15 G PROTEIN – 30 G KOHLEN-HYDRATE – 18 G BALLASTSTOFFE – 13 G FETT (6 G UNGESÄTTIGT)

Green Super-Power-
SMOOTHIE-BOWL

Ca. 10 Min.

- ‣ *100 g gefrorene Zucchinischeiben*
  - ‣ *100 g gefrorene Mango*
  - ‣ *1 Handvoll Babyspinat*
    - ‣ *50 g Avocado*
    - ‣ *1 entsteinte Dattel*
  - ‣ *200 ml Kokosnusswasser*
  - ‣ *2 TL geschälte Hanfsamen*
  - ‣ *2 TL Weizengras-Pulver*
  - ‣ *1 TL Spirulina-Pulver*

TOPPINGS:

- ‣ *20 g gefrorene Mango,*
50 g Drachenfrucht, 1 TL
Kokoschips oder -raspeln

Tipp

❋ Eine *Avocado* ist erst reif, wenn sie weich ist. Birnenförmige, längliche Avocados haben meist mehr Fruchtfleisch und einen kleineren Kern als kleine, runde Avocados. Meine Erfolgsgarantie liegt bei (beinahe) 100 %!

1 Gefrorene Zucchinischeiben, die zuvor gedünstet wurden (siehe Seite 107, Protein-Schoko-Bowl), mit gefrorener Mango, Babyspinat, einem großzügigen Stück Avocado, Dattel und Kokoswasser in einen Mixer geben und pürieren.

2 Für noch mehr geballte »Superkräfte« gibt es je eine Portion Hanfsamen, Weizengras- und Spirulina-Pulver dazu. Erneut pürieren.

3 Für die Toppings ein paar Stücke gefrorene Mango verwenden, mit einem kleinen Löffel Kugeln aus einer pinkfarbenen Drachenfrucht formen und das Ganze mit Kokoschips abrunden.

»Grün« assoziieren wir oftmals mit gesund. Und genau diesem Klischee wird dieses Rezept gerecht. Eine geballte Ladung an Lebensmitteln, die vor »Superkräften« nur so strotzen. Ich bin zwar starke Verfechterin von natürlichen und unverarbeiteten Lebensmitteln, aber Weizengras- oder Spirulina-Pulver finden trotzdem ab und zu den Weg in meine Gerichte. Sie haben eine unglaublich hohe Dichte an Nährstoffen wie Vitaminen, Mineralien und Chlorophyll. Beide Pulver wirken entgiftend, unterstützen das Immunsystem und fördern die Produktion der roten und weißen Blutkörperchen. Spirulina ist mit rund 60 % auch unglaublich reich an Proteinen – und das ganz natürlich, ohne entölt oder gefiltert zu werden.

NÄHRWERTE CA. 419 KCAL – 14 G PROTEIN – 47 G KOHLEN-
HYDRATE – 13 G BALLASTSTOFFE – 19 G FETT (13 G UNGESÄTTIGT)

Apfelkuchen-
SMOOTHIE-BOWL

Ca. 10 Min.

‣ *1 frischer Apfel*
‣ *50 g Pflanzenjoghurt (z. B. Cashew- oder Kokosjoghurt)*
‣ *100 ml Pflanzendrink*
‣ *1 TL Nussmus*
‣ *2 TL geschrotete Leinsamen oder 2 TL Flohsamenschalen*
‣ *1 TL Ceylon-Zimtpulver*
‣ *etwas Muskatnusspulver*
‣ *1/2 TL Ingwerpulver*
‣ *1 Prise Salz*

TOPPINGS:

‣ *20 g Früchte-Rawnola, 1 TL Nussmus*

NÄHRWERTE CA.
370 KCAL – 9 G PROTEIN –
38 G KOHLENHYDRATE – 12 G
BALLASTSTOFFE – 19 G FETT
(15 G UNGESÄTTIGT)

1 Den Apfel waschen, putzen und in Scheiben schneiden. Für das Topping lege ich gerne ein paar Scheiben beiseite.

2 Den restlichen Apfel mit dem Joghurt – am liebsten benutze ich pflanzlichen Cashew- oder Kokosjoghurt –, dem Pflanzendrink und einem beliebigen Nussmus cremig pürieren.

3 Für eine dickflüssige Konsistenz füge ich geschrotete Leinsamen oder Flohsamenschalen hinzu. Flohsamenschalen fallen optisch überhaupt nicht auf und man bemerkt sie beim Essen fast gar nicht! Leinsamen bringen eine nussige Note mit sich, sind dafür aber als »Samen« im Mund spürbar.

4 Für das wahre »Apfelkuchen«-Aroma dürfen Zimt, etwas Muskatnuss, Ingwer und Salz nicht fehlen.

5 Die Bowl mit selbst gemachtem Früchte-Rawnola (Rezept siehe Seite 207), Apfelscheiben und Nussmus garnieren.

Apfelkuchen – wer liebt ihn nicht? Aber da es nicht jeden Tag Kuchen zum Frühstück geben kann, kam ich irgendwann auf die Idee, all die Aromen dieser von mir geliebten Köstlichkeit in eine Smoothie Bowl umzuwandeln. Die Basis ist dabei so gar nicht »typisch« für meine Bowls: ohne Banane, ohne gefrorene Früchte – dafür mit einem frischen Apfel, etwas Pflanzenjoghurt, der einzigartigen Quellkraft von Samen und den richtigen Gewürzen. Muskat, Ingwer und Salz klingen vielleicht zunächst einmal etwas gewöhnungsbedürftig – aber bitte etwas Vertrauen haben. Diese Gewürze machen das Aromapaket perfekt! Einfach mal probieren!

Schoko-Kürbis-
SMOOTHIE-BOWL

Ca. 45 Min.

› 100 g Hokkaido-Kürbis
› 1 gefrorene Banane
› 1 TL Mandelmus
› 200 ml Pflanzendrink
› 1 TL Ceylon-Zimtpulver
› 1/2 TL Ingwerpulver
› etwas Muskatnusspulver
› 2 TL rohes Kakaopulver,
  stark entölt

TOPPINGS:
› 10 g dunkle, vegane Schokolade,
  1 TL Kokosraspeln, 1 TL
  Dattelsirup

Tipp

* Kakaopulver sollte roh
und ohne Zusatzstoffe sein.
Verarbeitete Kakao-Zucker-
Mischungen sind nicht das
Gleiche!

1 Den Kürbis in Stücke schneiden, die Kerne entfernen und ca. 15 Min. in einem Schnellkochtopf garen, bis er weich geworden ist. Die Kürbisschale kann man vor dem Kochen oder danach entfernen. Kurz mit einem Pürierstab bearbeiten und schon hat man selbst gemachtes Kürbispüree. In Amerika kann man es auch in Konserven kaufen. Für diese Bowl lässt man es abkühlen oder hat es schon vorbereitet in Kühlschrank oder Gefrierfach.

2 Das Püree mit der gefrorenen Banane, dem Mandelmus und einem beliebigen Pflanzendrink pürieren. Für das gewisse Etwas füge ich Zimt, Ingwer und etwas Muskatnuss hinzu. Die Hälfte der Mixtur beiseitestellen, in die andere Hälfte das Kakaopulver geben und noch mal durchmixen.

3 In eine Bowl beide Mischungen gleichzeitig von rechts und links einfüllen. Dunkle Schokolade hacken, mit Kokosraspeln und optional etwas Dattelsirup auf die Smoothie Bowl geben.

Chocolate Pumpkin Pie ... in so einen Kuchen habe ich mich mal in Amerika verliebt. Inspiriert von der Tatsache, dass Kürbis nicht nur zu herzhaften Suppen oder Hauptspeisen verarbeitet werden kann, wollte ich auch diesem Gemüse einen großen Auftritt bei meinen süßen Smoothie Bowls ermöglichen. Denn es ist nicht nur eine köstliche Beilage zu einem Fleischgericht – Kürbis ist vielfältig und kann auch bei Frühstückskreationen glänzen.

NÄHRWERTE CA. 428 KCAL – 10 G PROTEIN – 47 G KOHLEN-HYDRATE – 7 G BALLASTSTOFFE – 20 G FETT (12 G UNGESÄTTIGT)

Salted-Caramel-Brownie-Bowl
MIT RAWNOLA

Ca. 10 Min.

- › *1 entsteinte Dattel*
- › *1 gefrorene Banane*
- › *150 ml Pflanzendrink*
  (z. B. Mandeldrink)
- › *2 TL Haselnussmus*
- › *2 TL rohes Kakaopulver,*
  stark entölt
- › *etwas Vanille (gemahlen)*
- › *1 Prise Salz*
- › *1 TL Ceylon-Zimtpulver*

TOPPINGS:
- › *20 g Rawnola, 1/2 Banane,*
  1 TL Haselnussbutter,
  1 TL Kakaonibs

* *Datteln* gehören zu meinen
liebsten Süßungsmitteln, da sie
voller essenzieller Mineralien
sind. Das wirkt unter anderem
Alltagsstress entgegen!

1 Die Dattel zusammen mit der gefrorenen Banane, dem Pflanzendrink, dem Haselnussmus und dem Kakaopulver in einem Mixer cremig pürieren.

2 Die Gewürze sind bei diesem Rezept besonders wichtig, da die Karamellnote erst durch das Zusammenspiel der Gewürze mit der Dattel und dem Haselnussmus entsteht. Ein wenig Vanille, eine ordentliche Prise Salz und 1 TL Zimt sind perfekt. Einfach zu der pürierten Masse hinzufügen und erneut mixen.

3 Die Mixtur in eine Bowl geben und mit etwas selbst gemachtem Ultimativen Rawnola (Rezept siehe Seite 204), Bananenscheiben, etwas Haselnussbutter und ein paar Kakaonibs garnieren.

Sprechen wir hier von einem Frühstück oder einem Dessert? Da bin ich mir bis heute nicht ganz sicher. Diese Bowl schmeckt so sündhaft gut, dass meine Mutter mich mal erstaunt gefragt hat: »Bist du dir sicher, dass das gesund ist?« Kaum zu glauben, aber: JA! Mich wundert es immer wieder, wie einfach man auf natürliche Art und Weise ein Karamellaroma zaubern kann. Ein »leichtes« Frühstück haben wir hier zwar definitiv nicht, aber dafür die perfekte Bowl für alle Liebhaber von Süßem!

NÄHRWERTE CA. 532 KCAL – 11 G PROTEIN – 58 G KOHLEN-HYDRATE – 11 G BALLASTSTOFFE – 26 G FETT (21 G UNGESÄTTIGT)

Lunch &
Dinner Bowls

4

Die meisten Rezepte dieses Buches widmen sich der Hauptmahlzeit des Tages.
Ob zur Mittags- oder Abendzeit: ausgewogene Bowls mit gesunden Kohlenhydraten,
Proteinen und Fetten für ein sättigendes Gefühl warten nur darauf, nachgekocht zu
werden! Der Star dieses Kapitels ist eindeutig Gemüse. Es ist bunt, vielfältig und
unglaublich gesund. In diesem Kapitel ist kein Platz für Eintönigkeit oder Langeweile,
denn Gemüse kann auf unzählige verschiedene Arten und Weisen zubereitet werden.
Auch vegane Gerichte kommen in diesem Kapitel nicht zu kurz.

Klassisches Fitnessgericht:
RINDERHACK-PFANNE

Ca. 30 Min.

- › 50 g ungekochter *Reis* (z. B. Langkorn oder Vollkorn)
- › Salz
- › 100 g fettarmes Rinderhackfleisch
- › 3 TL Kokos- oder Avocadoöl
- › Pfeffer
- › Chilipulver
- › 100 g Zucchini
- › 100 g Mais aus dem Glas
- › 1 Handvoll Basilikum

Info

* **Reis** kann mit Arsen belastet sein. Wenn man ihn vor dem Kochen ordentlich abspült, ihn in einigen Litern Wasser abkocht und ihn dann durch ein Sieb abtropfen lässt – ähnlich wie bei Nudeln –, wird dieses Problem minimiert.

1 Den Reis abspülen und nach Packungsanleitung in einigen Litern Salzwasser kochen.

2 Das Hackfleisch mit 1–2 TL Öl anbraten und mit Pfeffer, Salz und Chili würzen. Ich verwende immer Avocado- oder Kokosöl, da diese Sorten sehr hitzestabil sind!

3 Zucchini waschen, putzen und in kleine Würfel schneiden, den Mais in einem Sieb unter fließendem Wasser abspülen und abtropfen. Sobald das Hackfleisch vollkommen durchgebraten ist, beiseitelegen und anschließend das Gemüse in der gleichen Pfanne goldbraun braten. Falls das Gemüse zu trocken erscheint oder weicher sein soll, gebe ich einfach noch einen Schuss Wasser in die Pfanne.

4 Basilikum waschen, trocken schütteln, klein schneiden und zusammen mit dem Hackfleisch und Reis zum Gemüse geben. Alles zusammmen nochmals 5 Min. anbraten, nachwürzen und gut verrühren.

Mit diesem Rezept verbinde ich sehr viele positive Erinnerungen. Als ich ungefähr 17 Jahre alt war und gerade so richtig Gefallen am Sport gefunden habe, stand die Rinderhack-Pfanne andauernd auf meinem Speiseplan. Am Mittag, am Abend – auch zum Mitnehmen. Mein Fokus lag damals auf: Muskeln und Masse aufbauen! Heute esse ich zwar nicht mehr so oft Fleisch, aber geschmacklich bin ich immer noch ein Fan davon. Auch bei Männern äußerst beliebt!

NÄHRWERTE CA. 500 KCAL – 29 G PROTEIN – 56 G KOHLEN-HYDRATE – 4 G BALLASTSTOFFE – 19 G FETT (11 G UNGESÄTTIGT)

RUCOLASALAT MIT
Rinderfilet und gebratenen Radieschen

....

1 Die Radieschen waschen, putzen und vierteln, die Tomaten waschen, putzen und halbieren. Das Basilikum waschen, trocken schütteln und grob hacken.

2 Den Rucola waschen und anschließend in einem Sieb abtropfen lassen.

3 Das Rinderfilet abspülen, trocken tupfen und mithilfe eines scharfen Messers in dünne, längliche Streifen schneiden. Unbedingt entgegen der Maserung schneiden – nur so ist das Fleisch später zart! Mit Pfefferkörnern bestreuen.

4 Für das Kräuter-Joghurt-Dressing alle Zutaten mixen und das Ganze mit Salz und Pfeffer abschmecken. Vorerst beiseitestellen.

Ca. 30 Min.

FÜR DEN SALAT:

> 50 g Radieschen
> 100 g kl. Tomaten
> 1 Handvoll frisches Basilikum
> 50 g Rucola
> 100 g Rinderfilet
> grobe Pfefferkörner
> 2–3 TL Avocadoöl
> Salz
> Pfeffer
> 1 EL Pinienkerne

FÜR DAS DRESSING:

> 50 g Pflanzenjoghurt
(z. B. Cashewjoghurt)
> 30 ml Pflanzendrink
(z. B. Cashewdrink)
> 3 TL Apple Cider Vinegar
oder Essig
> 1 kl. Handvoll frische Kräuter
(z. B. Basilikum, Schnittlauch,
Petersilie)
> 1 TL Honig
> Salz
> Pfeffer

Tipp

✴ Nicht jedes Salatdressing
muss Öl enthalten! Vor allem
Joghurtdressings schmecken
super ohne Öl und sind eine
tolle kalorienarme Alternative.

5 Die Pinienkerne ohne Fett rund 2 Min. bei kleiner Hitze in einer Pfanne rösten. Dabei ständig schwenken, sonst brennen sie an.

6 Radieschen mit Tomaten, Basilikum und ein wenig Avocadoöl anbraten, bis die Radieschen glasig und die Tomaten weich werden. Mit Salz und Pfeffer würzen.

7 Etwas Avocadoöl in einer Pfanne erhitzen. Sobald das Öl heiß ist, kann man die Rinderfiletstreifen hineingeben und ein paar Minuten scharf anbraten. Eine Zeitempfehlung gibt es hier nicht. Rare, medium oder well done? Wie man will!

8 Den Rucola in der Bowl im Dressing schwenken und das gebratene Gemüse darauflegen. Das Rinderfilet ebenfalls dazugeben und zu guter Letzt mit den Pinienkernen toppen.

Wenn ich auswärts essen gehe und mir nicht sicher bin, was aus der Speisekarte zu meinem Ernährungsplan passt, wähle ich meistens den Salat mit Rinderstreifen – Dressing bitte extra! Und dann am liebsten nur Essig und Olivenöl. Denn genau in den Salatsoßen verstecken sich Rohrzucker, günstige Öle und künstliche Aromen … und plötzlich ist der »gesunde« Salat eine richtige Zucker- und Kalorienbombe. Zu Hause kann man mit nur wenigen Zutaten ein leckeres Kräuter-Joghurt-Dressing selbst mixen. Damit können wir zumindest in den eigenen vier Wänden »Auf Nimmerwiedersehen« zu Fertigsoßen sagen.

NÄHRWERTE CA. 370 KCAL – 28 G PROTEIN – 13 G KOHLENHYDRATE – 4 G BALLASTSTOFFE – 22 G FETT (13 G UNGESÄTTIGT)

Klassische Fitness-Bowl: Hühnchen
MIT BROKKOLI-REIS

Ca. 30 Min.

> ⟩ 100 g *Brokkoli*
> ⟩ 100 g *Hühnchenbrust*
> ⟩ 3–4 TL *Avocadoöl*
> ⟩ *Pfeffer*
> ⟩ *getr. Oregano*
> ⟩ *getr. Thymian*
> ⟩ *Salz*
> ⟩ 100 g *Tomaten*
> ⟩ 1 *Handvoll frisches Basilikum*
> ⟩ 1 *Handvoll Babyspinat*
> ⟩ 50 g *Avocado*

NÄHRWERTE CA.

388 KCAL – 32 G PROTEIN –
13 G KOHLENHYDRATE –
8 G BALLASTSTOFFE –
23 G FETT (17 G UNGESÄT-
TIGT)

Info

✳ Das im *Brokkoli* enthaltene starke Antioxidans Sulforaphan wird als starke, natürliche Waffe gegen Krebszellen bezeichnet! Da es nicht sehr hitzebeständig ist, sollte man den Brokkoli-Reis nicht allzu lange und heiß dünsten.

1 Brokkoli waschen, Röschen abschneiden und in einem Food Processor zu »Reis« zerkleinern. Mit etwas Avocadoöl, Oregano, Thymian, Salz und Pfeffer in einer Pfanne bei kleiner Hitze anbraten. Schussweise Wasser hinzugeben und den Brokkoli ca. 10 Min. dünsten. Er sollte dabei nicht schwimmen, sondern immer nur feucht sein. Die Pfanne mit einem Deckel schließen.

2 Die Hühnchenbrust trocken tupfen, in Scheiben schneiden und in einer heißen Pfanne mit etwas Avocadoöl und Pfeffer anbraten.

3 Die Tomaten waschen, putzen und klein schneiden, das Basilikum waschen, trocken schütteln und hacken. Beides in einem Topf mit 1 TL Avocadoöl, Pfeffer und Oregano leicht erhitzen. Diese schnelle Tomatensoße ist schon nach 3–4 Min. fertig.

4 Den Babyspinat putzen, waschen, trocken schleudern und die Bowl damit auslegen. Den Brokkoli-Reis und das Hühnchen dazugeben. Avocado in Scheiben schneiden und mit der Tomatensoße auf die Bowl geben.

Low-Carb, High Protein & voller gesunder Fette – der Fitnessklassiker. Der gehackte Brokkoli erinnert an Reis, wobei man die Kalorien und Kohlenhydrate natürlich umgeht. Weil Brokkoli für viele Menschen nur schwer verdaulich ist, wird er hier stark zerkleinert und leicht gedünstet, wodurch sich ein Blähbauch vermeiden lässt.

CURRY-CASHEW-CHICKEN-

Salat mit Reis und Babyspinat

....

1 Die Cashewnüsse im Backofen rösten. Dafür einfach auf einem mit Back-papier ausgelegten Blech verteilen und 15 Min. bei 165 Grad erhitzen. Öl ist nicht notwendig.

2 Die Hühnchenbrust wird hier gekocht und nicht gebraten, da man sie so für den Hühnchensalat am einfachsten rupfen kann. Man kann sie entweder 20 Min. in einem Schnellkochtopf garen oder in einem normalen Topf kochen. Dabei lässt man sie als ganze Brust mit Wasser, Salz und Pfeffer aufkochen und danach 20–25 Min. bei kleiner Hitze simmern. Anschließend auskühlen.

Ca. 30 Min.

FÜR DEN SALAT:

> 30 g Cashewnüsse
> 100 g Hühnchenbrust
> Salz
> Pfeffer
> 30 g ungekochter Reis
> 1 Handvoll Babyspinat
> Lauchzwiebel nach Geschmack
> 1 Handvoll frisches Basilikum

FÜR DIE SOSSE:

> 50 g Cashewjoghurt
> 1–2 EL frischer Zitronensaft
> 1–2 TL Honig
> 1 TL Currypulver
> 1/2 TL Kurkumapulver
> Salz
> Pfeffer

Tipp

∗ Der Curry-Cashew-Chicken-Salat kann auch 1–2 Tage im Kühlschrank aufbewahrt werden. Etwas »durchgezogen« schmeckt er sogar noch besser!

3 Den Reis gründlich abspülen und in einer großen Menge Salzwasser nach Packungsangabe kochen. Den Spinat waschen, trocken schütteln und putzen.

4 Für die Soße Cashewjoghurt, Zitronensaft, Honig, Curry und Kurkuma in einer Schüssel mischen und mit Salz und Pfeffer abschmecken.

5 Die Lauchzwiebel waschen, putzen und in dünne Scheiben schneiden. Das Basilikum waschen, trocken schütteln und fein hacken. Die Cashews zerkleinern. Ein paar ganze Nüsse für das Topping übrig lassen.

6 Das kalte Hühnchen mit einer Gabel oder den Fingern in kleine Stücke zupfen und mit Zwiebeln, Basilikum, Cashewstücken und der Soße vermengen.

7 Den Hühnchensalat mit etwas Babyspinat und Reis in eine Bowl geben und mit den ganzen Cashewnüssen garnieren.

Mit diesem Gericht habe ich meine Familie erstaunt, da es ziemlich untypisch für mich ist. Normalerweise bin ich kein Fan von Hühnchensalaten, weil sie einem durch Mayonnaisen oder Remouladen so schwer und lange im Magen liegen. Stattdessen verwende ich Cashewjoghurt und verwandle damit den Klassiker in ein leichteres und gesundes Gericht, das bisher jedem einwandfrei geschmeckt hat. Für mich auch ein klassisches »Männerrezept« – oder zumindest eins, das ein Mann gerne serviert bekommt.

NÄHRWERTE CA. 454 KCAL – 34 G PROTEIN – 43 G KOHLEN-HYDRATE – 4 G BALLASTSTOFFE – 17 G FETT (13 G UNGESÄTTIGT)

HÜHNCHEN-AVOCADO-PASTE
mit getrockneten Tomaten und Quinoa

Ca. 30 Min.

FÜR DIE PASTE:

› 50 g Hühnchenbrust

› Salz

› 30 g ungekochte Quinoa

› 50 g Avocado

› 20 g getrocknete Tomaten

› 50 g Radieschen

› 1 Spritzer frischer Zitronensaft

› Pfeffer

› Chilipulver

› 1 Handvoll Basilikum

› 1 Handvoll Salat

FÜR DAS DRESSING:

› 1 kl. EL Olivenöl

› 1 EL frischer Zitronensaft

› 1–2 TL Honig

› Salz

› Pfeffer

1 Die Hühnchenbrust als Ganzes im Schnellkochtopf für 20 Min. oder in einem Topf für 25 Min. garen. Anschließend aufschneiden und prüfen, ob das Fleisch durch ist. Auskühlen lassen.

2 Quinoa in einem Sieb unter fließendem Wasser abspülen und in einem Topf mit Wasser und 1 Prise Salz nach Packungsangabe aufkochen. Anschließend ca. 15 Min. bei kleiner Hitze weiterköcheln.

3 Den Salat putzen, waschen und trocken schleudern. Ein Stück Avocado würfeln, die getrockneten Tomaten klein schneiden. Die Radieschen waschen, putzen und klein schneiden. Nun Avocado, Tomaten und Radieschen in einer Schale mit dem Zitronensaft mischen und mit einer Gabel so lange zerdrücken, bis die Zutaten zu einer Art Paste werden. Mit Salz, Pfeffer und Chili abschmecken.

4 Die Hühnchenbrust mit einer Gabel klein zupfen, das Basilikum waschen, trocken schütteln, grob hacken und beides zur Avocado-Paste geben. Für das Dressing die Zutaten verrühren und die Mischung über den Salat gießen.

5 Die Bowl mit dem Salat auslegen, Quinoa in einem Sieb abgießen und mit der Hühnchen-Avocado-Paste auf dem Salat anrichten.

NÄHRWERTE CA. 378 KCAL – 20 G PROTEIN – 30 G KOHLEN-HYDRATE – 8 G BALLASTSTOFFE – 19 G FETT (15 G UNGESÄTTIGT)

MEAL-PREP-BOWL

1 Den Backofen auf 180 Grad vorheizen. Die Hühnchenbrust als Ganzes mit etwas Salz und Pfeffer in einen Topf legen, mit Wasser bedecken und auf-kochen lassen. Anschließend die Hitze reduzieren, sodass es nur noch simmert. Nach rund 20 Min. aufschneiden und prüfen, ob das Fleisch vollkommen gar ist, und dann auskühlen lassen. Alternativ kann man auch einen Schnellkochtopf verwenden.

2 Mit einer Gabel einige Löcher in die Schale der Süßkartoffel stechen und die Kartoffel als Ganzes auf ein mit Backpapier ausgelegtes Blech in den vorgeheizten Backofen legen. Je nach Größe braucht sie 30–60 Min. Einfach mit einem Messer einstechen und prüfen, ob sie überall weich ist!

Ca. 45 Min.

FÜR DIE BOWL:

› 100 g Hühnchenbrust
› Salz
› Pfeffer
› 200 g Süßkartoffel
› 1 Ei
› 100 g Zucchini
› 50 g kleine Tomaten

**FÜR DIE PAPRIKA-
TAHINI-SOSSE:**

› 2 EL Tahini
› 1 EL frischer Zitronensaft
› 2 EL Pflanzendrink
› 1 TL Honig
› 1 TL Paprikapulver, edelsüß
› Salz
› Pfeffer

Tipp

∗ Mikrowelle? Vorsichtshalber nicht. Die Meinungen gehen zwar auseinander, aber in einigen Studien wurden eine krebserregende Wirkung sowie eine Reduzierung der Nährwerte nachgewiesen.

3 Das Ei mitsamt Schale für 12 Min. in einen Topf mit kochendem Wasser legen und erst vor dem tatsächlichen Servieren pellen. Die Tomaten waschen.

4 Die Zucchini waschen, putzen und mit einem Spiralschneider zu Nudeln drehen. Den gibt es in jedem Kochgeschäft und in gut sortierten Supermärkten!

5 Für die Paprika-Tahini-Soße alle Zutaten mixen und anschließend mit Salz und Pfeffer abschmecken. Ich gieße die Soße aber erst unmittelbar vor dem Verzehr über das Gericht.

6 Alle Zutaten vollständig auskühlen lassen und danach in gut verschlossenen Gefäßen im Kühlschrank lagern. Vor dem Essen die Hühnchenbrust, die Süßkartoffel und die Zucchini-Nudeln kurz in einer Pfanne oder im Ofen erhitzen. Das Ei pellen und vierteln.

Planung und Vorbereitung ist die halbe Miete – auch beim täglichen Ernährungsplan. Leuten mit wenig Zeit, wenig Geduld oder erfahrungsgemäß ganz plötzlichem, unüberwindbarem Hunger empfehle ich deshalb, einige Grundzutaten vorbereitet im Kühlschrank zu lagern. Das ist vor allem in der Fitnessbranche sehr geläufig und wird als »Meal Prep« bezeichnet.

NÄHRWERTE CA. 576 KCAL – 40 G PROTEIN – 60 G KOHLEN-HYDRATE – 11 G BALLASTSTOFFE – 19 G FETT (15 G UNGESÄTTIGT)

PUTE-ZUCCHINI-MEATBALLS

mit Wildreis und Currysoße

Ca. 45 Min.

1 Den Backofen auf 190 Grad vorheizen und ein Backblech mit Backpapier auslegen.

2 Zwiebel schälen, fein würfeln und in einer Pfanne mit etwas Avocadoöl glasig dünsten. Zucchini waschen, putzen, raspeln oder in einem Food Processor klein hacken. Putenbrust trocken tupfen und in sehr feine Stückchen schneiden oder in einem Food Processor verarbeiten. Kräuter waschen, trocken schütteln und hacken.

3 Das Ei trennen, das Eiweiß mit 1 Prise Salz steif schlagen. Da man mit 1 Ei ca. 18 Meatballs backen kann (also weit mehr als 1 Portion) – ich aber ungerne den

FÜR 3 PORTIONEN
(ERGIBT 18 MEATBALLS):

> 20 g Zwiebel
> Avocadoöl
> 200 g Zucchini
> 150 g Pute
> 2 Handvoll frische Kräuter
(alternativ 3 TL getrocknete
Kräuter)
> 1 Ei
> Salz
> 30 g Mandel- oder Kokosmehl
> 1 Spritzer frischer Zitronensaft
> Pfeffer
> Paprikapulver, edelsüß
> 30 g ungekochter Reis (z. B.
gemischter Reis, Wild-, Natur-
oder Basmatireis)
> 50 g Mais aus dem Glas
> 2 TL Avocadoöl
> 1 Handvoll Babyspinat

FÜR DIE CURRYSOSSE:

> 50 ml cremige Kokosmilch
(ca. 60 % Kokosanteil)
> 1 Spritzer frischer Zitronensaft
> 1 TL Dattelsirup oder Honig
> 1/2 TL Currypulver
> 1 Messerspitze Kreuzkümmel-
pulver
> Pfeffer
> Salz

Rest vom Ei entsorge –, bereite ich einfach diese Menge zu und lagere die restlichen Meatballs verschlossen im Kühlschrank – oder koche für meine Familie mit.

4 In einer Schüssel Zucchini, Zwiebeln, Mehl, Zitronensaft und die Kräuter mischen. Anschließend würzen. Erfahrungsgemäß vertragen die Meatballs ziemlich viel Pfeffer, Paprikapulver und Salz.

5 Die Pute und das Eigelb in die Masse einarbeiten. Zum Schluss das steife Eiweiß unterheben. Mit einem Löffel oder angefeuchteten Händen Fleischbällchen formen und auf das Backpapier legen. 25–30 Min. im vorgeheizten Backofen goldbraun backen.

6 Den Reis abbrausen und in einigen Litern Salzwasser nach Zubereitungsempfehlung kochen, danach in einem Sieb abgießen.

7 Den Mais aus dem Glas in einem Sieb unter fließendem Wasser abspülen, abtropfen und mit etwas Avocadoöl in einer Pfanne einige Minuten anbraten.

8 Für die Currysoße einfach alle Zutaten mixen und mit Salz und Pfeffer abschmecken.

9 Babyspinat putzen, waschen und trocken schleudern. Die Bowl mit dem Babyspinat auslegen, den Reis zusammen mit den Meatballs und dem Mais darauf anrichten. Die Soße schmeckt toll zum Spinat und als Dip zu den Fleischbällchen!

NÄHRWERTE CA. 464 KCAL – 26 G PROTEIN – 42 G KOHLEN-HYDRATE – 7 G BALLASTSTOFFE – 22 G FETT (9 G UNGESÄTTIGT)

CHICKEN-TERIYAKI-BOWL
– von meinem Bruder

Ca. 30 Min.

❯ *70 g ungekochter Basmatireis*
❯ *Salz*
❯ *130 g Hühnchenbrust*
❯ *75 ml Teriyaki-Soße (gekauft oder nach untenstehendem Rezept)*
❯ *2 TL Sesamöl*
❯ *50 g Avocado*
❯ *20 g Wakame-Salat*
❯ *15 g Pickled Pink Ginger*

TOPPINGS:
❯ *10 g Mayonnaise, 1 TL geröstete schwarze Sesamsamen, Lauchzwiebeln*

TERIYAKI-SOSSE (SELFMADE & ZUCKER-REDUZIERT):
❯ *40 ml milde Sojasoße*
❯ *40 ml Sake*
❯ *40 ml Mirin*

Tipp

✱ Als Beilage zu dieser japanischen Bowl esse ich gerne einen vietnamesischen Krautsalat!

1 Reis abspülen, mit einer großen Menge Wasser und Salz nach Zubereitungsempfehlung kochen und in einem Sieb abtropfen lassen.

2 Für die Teriyaki-Soße alle Zutaten in einem Topf aufkochen lassen und dann 4 Min. schäumend reduzieren. Alternativ kann man auch zu gekaufter Teriyaki-Soße greifen – wenn Pamela nicht hinsieht.

3 Hühnchenbrust trocken tupfen, in Streifen schneiden und in der Teriyaki-Soße 15 Min. marinieren. Anschließend aus der Soße nehmen und mit etwas Sesamöl anbraten. Die restliche Teriyaki-Soße zum Fleisch geben und unter ständigem Rühren so lange weiterbraten, bis sie karamellisiert ist.

4 Avocadostück klein schneiden. Den Reis in eine Bowl geben. Hühnchenbrust samt Soße und Avocadostücke zusammen mit Wakame-Salat und Pickled Pink Ginger auf dem Reis anrichten. Mit Mayonnaise, Sesam und klein geschnittenen Lauchzwiebeln dekorieren.

Mein Bruder Dennis durfte aufgrund eines Follower-Votings dieses Rezept beisteuern! »Im Gegensatz zu den meisten Rezepten von Pamela finden sich in meinem Rezept auch Fertigprodukte wie Mayonnaise. Ich denke, es ist aber okay, dass ich etwas aus der Reihe tanze. Entschieden habe ich mich für meine absolute Soulfood-Bowl, die immer ein extremes Gefühl der Befriedigung hinterlässt – dank viel Soße und viel Mayonnaise.«

NÄHRWERTE CA. 750 KCAL – 44 G PROTEIN – 70 G KOHLENHYDRATE – 4 G BALLASTSTOFFE – 30 G FETT (22 G UNGESÄTTIGT)

SÜSSER SALAT MIT

gebackener Zimt-Süßkartoffel, Feta und Zimt-Dattel-Dressing

Ca. 25 Min.

FÜR DEN SALAT:

➤ *50 g Süßkartoffel*
➤ *1 TL Kokosöl*
➤ *1 TL Ceylon-Zimtpulver*
➤ *1 kl. Birne*
➤ *1 entsteinte Dattel*
➤ *30 g Fetakäse*
➤ *20 g Pekannüsse*
➤ *50 g gemischter Salat*

FÜR DAS DRESSING:

➤ *1 EL Apple Cider Vinegar oder Zitronensaft*
➤ *1 EL Dattelsirup oder 1 entsteinte Dattel*
➤ *30 ml Pflanzendrink (z. B. Mandeldrink)*
➤ *1/2 TL Ceylon-Zimtpulver*
➤ *etwas Kardamompulver*
➤ *Pfeffer*

Info

✳ *Zimt* ist nicht gleich Zimt! Im Gegensatz zum echten Ceylon-Zimt enthält der günstige Cassia-Zimt sehr viel Cumarin, das – in hohen Dosen eingenommen – leberschädigend sein kann!

1 Den Backofen auf 180 Grad vorheizen. Die Süßkartoffel schälen und in Würfel schneiden, in einer Schale mit ein wenig Kokosöl wenden und mit Zimt bestreuen. Anschließend auf einem mit Backpapier ausgelegten Blech 20 Min. im vorgeheizten Backofen backen.

2 Die Birne waschen, putzen und in Scheiben schneiden, die Dattel klein hacken. Den Fetakäse zerkrümeln und die Pekannüsse grob auseinanderbrechen.

3 Den Salat putzen, waschen, trocken schleudern und das Zimt-Dattel-Salatdressing zubereiten. Dafür den Essig oder Zitronensaft, den Dattelsirup oder die Dattel sowie den Pflanzendrink gründlich mixen bzw. pürieren und mit den Gewürzen abschmecken.

4 Nun in einer großen Schüssel den Salat im Dressing wenden und Süßkartoffelwürfel, Früchte, Feta und Nüsse unterheben.

Salate müssen nicht langweilig schmecken! Süß, salzig, knusprig und cremig – dieser Salat vereint alles. Eine gebackene Süßkartoffel, eine saftige Birne, süße Dattelwürfel, etwas würziger Fetakäse und ein paar knusprige Pekannüsse ... abgerundet mit einer leichten Zimtnote. Da bleiben keine Wünsche offen, oder?

NÄHRWERTE CA. 475 KCAL – 9 G PROTEIN – 50 G KOHLENHYDRATE – 10 G BALLASTSTOFFE – 27 G FETT (16 G UNGESÄTTIGT)

GEMÜSEKUCHEN –
mein Favorit

Ca. 50 Min.

› *100 g Hokkaido-Kürbis*
› *Salz*
› *30 g ungekochte Quinoa*
› *50 g Karotte*
› *50 g Zucchini*
› *50 g Pilze*
› *1 Handvoll Babyspinat*
› *1 Handvoll frische Kräuter (z. B. Petersilie, Basilikum und Thymian, alternativ 3 TL getrocknete Kräuter)*
› *1 Ei*
› *50 g Erbsen (frisch oder tiefgefroren)*
› *Chilipulver*
› *Muskatnusspulver*
› *Pfeffer*
› *1 TL Avocadoöl*

TOPPINGS NACH BELIEBEN:

› *Sonnenblumenkerne, Gemüsescheiben*

Tipp

* Hier kann mit allerlei Gemüse experimentiert werden. Noch Zwiebeln oder Mais zu Hause? Immer rein damit!

1 Den Backofen auf 180 Grad vorheizen. Kürbis in Stücke schneiden, Schale und Kerngehäuse entfernen. Anschließend in einem Topf mit Salzwasser kochen, bis er ganz weich ist, oder im Schnellkochtopf rund 10 Min. dünsten.

2 Quinoa in einem Sieb abbrausen und mit der 2,5-fachen Menge an Wasser und 1 Prise Salz 12–15 Min. köcheln lassen. Derweil Karotte, Zucchini und Pilze waschen bzw. schälen, putzen und klein hacken oder in einem Food Processor verarbeiten. Den Spinat putzen, waschen, klein zupfen und trocken schleudern. Die frischen Kräuter waschen, trocken schütteln und fein hacken.

3 Das Ei trennen, das Eiweiß mit 1 Prise Salz steif schlagen. Die inzwischen weichen Kürbisstücke abgießen und pürieren. In einer Schüssel nun das Kürbispüree mit Quinoa, den Karotten- und Zucchinistücken, dem Spinat, den Kräutern, Pilzen und den Erbsen vermengen. Anschließend würzen. Danach das Eigelb sorgfältig einarbeiten und zum Schluss das steife Eiweiß vorsichtig unterheben.

4 Eine Ofen-Bowl mit Avocadoöl fetten, den Teig einfüllen und mit Toppings garnieren. Am liebsten mag ich Sonnenblumenkerne oder geschnittenes Gemüse. 25–30 Min. im vorgeheizten Backofen backen und anschließend aus der Bowl löffeln.

Backe, backe ... Gemüsekuchen! Dieses Gericht ist eines meiner absoluten Lieblingsrezepte in diesem Kapitel. Ich habe es mir als Letztes ausgedacht und bin sicher, dass es meinem Kochbuch noch ein i-Tüpfelchen verleiht.

NÄHRWERTE CA. 372 KCAL – 21 G PROTEIN – 45 G KOHLENHYDRATE – 9 G BALLASTSTOFFE – 11 G FETT (7 G UNGESÄTTIGT)

»Als Veganer genug Protein essen? Das geht doch nur mit Ersatzprodukten wie Tofu, Tempeh oder Proteinpulver.« – Blödsinn! Hier eine Bowl mit 100 % natürlichen Zutaten und über 20 g Protein – das entspricht ca. 1 Proteinshake. Die Aminosäuren der Eiweißquellen enthalten oder ergänzen sich zu »vollständigen« Proteinen – wie ein Stück Fleisch es hätte. Mehr Infos zu kompletten pflanzlichen Eiweißquellen gibt es ab Seite 50

Vegane Protein-
BUDDHA-BOWL

Ca. 25 Min.

FÜR DIE BOWL:

➤ 50 g ungekochte Quinoa

➤ Salz

➤ 50 g Buschbohnen

➤ Avocadoöl

➤ Pfeffer

➤ 50 g Pilze

➤ 30 g Kichererbsen aus dem Glas

➤ 1 TL Sesamsamen

➤ 30 g Babyspinat

FÜR DEN PINK HUMMUS:

➤ 30 g Kichererbsen aus dem Glas

➤ 10 g Rote Bete

➤ 1 TL Tahini

➤ 1 kl. TL Olivenöl oder
1 TL Pflanzendrink

➤ 1 Schuss Zitronensaft

➤ Kreuzkümmelpulver

➤ Salz

➤ Pfeffer

TOPPINGS:

➤ 10 g Kürbiskerne,
10 g geschälte Hanfsamen

1 Quinoa in ein feines Sieb geben und unter fließendem Wasser abspülen. Anschließend mit der 2,5-fachen Menge an Wasser und 1 Prise Salz 12–15 Min. köcheln lassen.

2 Buschbohnen waschen, ihre Enden abschneiden und halbieren. Die Bohnen in einer Pfanne mit etwas Avocadoöl, Salz und Pfeffer anbraten. Danach mit einem Glas Wasser ablöschen und bei geschlossenem Deckel dünsten.

3 Die Pilze derweil putzen, in Scheiben schneiden und zu den Bohnen geben. Beides rund 3 Min. zusammen dünsten.

4 Kichererbsen in einem Sieb gründlich unter fließendem Wasser abspülen, abtropfen und danach mit dem Sesam und etwas Avocadoöl in einer Pfanne anbraten.

5 Für den Pink Hummus alle Zutaten cremig pürieren. Den Babyspinat putzen, waschen, trocken schleudern und als Basis in der Bowl auslegen.

6 Quinoa mit einem Sieb abgießen. Das Gemüse, die Kichererbsen und Quinoa auf den Babyspinat geben, mit Kürbiskernen und Hanfsamen dekorieren und mit dem pinkfarbenen Hummus toppen.

NÄHRWERTE CA. 564 KCAL – 25 G PROTEIN – 45 G KOHLEN-HYDRATE – 11 G BALLASTSTOFFE – 30 G FETT (28 G UNGESÄTTIGT)

CREMIGES 1-TOPF-RISOTTO

....

Für dieses Risotto kann man alles Mögliche an Gemüse verwenden! Falls eine Zutat fehlt, einfach die Gemüsesorte durch eine andere ersetzen oder eine Sorte auslassen.

1 Den Kürbis klein schneiden, Schale und Kerne entfernen. In einem Topf mit etwas Öl, Salz und Pfeffer anbraten. Nach ein paar Minuten 1 Schuss Wasser dazugeben und weiter dünsten.

2 Währenddessen das Gemüse waschen, putzen und zerkleinern, das länger erhitzt werden sollte, um gar zu sein – zum Beispiel Brokkoli, Blumenkohl oder Karotten. Zum Kürbis geben und wieder etwas Wasser nachfüllen.

3 Die Pilze putzen und in Scheiben schneiden, die Petersilie waschen, trocken schütteln und grob hacken. Zusammen mit dem Gemüse im Topf weiter erhitzen und mit Salz und Pfeffer würzen.

Ca. 45 Min.

› *100 g Hokkaido-Kürbis*
› *2 TL Avocado- oder Kokosöl*
› *Salz*
› *Pfeffer*
› *50 g Brokkoli, Blumenkohl*
  oder Karotten
› *50 g Pilze*
› *1 Handvoll frische Petersilie*
› *50 g ungekochter Naturreis*
› *50 g Erbsen (gefroren)*

TOPPINGS:
› *20 g Erdnüsse*

NÄHRWERTE CA.
516 KCAL – 17 G PROTEIN –
65 G KOHLENHYDRATE –
9 G BALLASTSTOFFE –
21 G FETT (16 G UNGE-
SÄTTIGT)

Tipp

❋ Perfekt, um alle möglichen
Gemüsereste zu verwerten!
Die müssen für dieses Rezept
nicht frisch und knackig sein.

4 Den ungekochten Reis gründlich abspülen und kurz zusammen mit dem Gemüse im Topf »trocken« schwenken, damit er die Aromen sammeln kann. Dafür fügt man noch kein Wasser hinzu.

5 In der Zwischenzeit Wasser in einem Teekocher zum Kochen bringen. Den Topf damit so weit füllen, dass das Gemüse und der Reis zur Hälfte bedeckt sind.

6 Auf mittlerer Hitze köcheln lassen und immer wieder schussweise heißes Wasser nachfüllen, wenn es aufgesogen wurde.

7 Regelmäßiges Rühren ist jetzt ganz wichtig! Nur so wird das Risotto cremig.

8 Für gewöhnlich braucht der Reis 20–30 Min., bis er gar ist. So lange immer wieder Wasser hinzufügen, rühren und – wenn nötig – nachwürzen.

9 Wenn der Reis al dente ist, kann man das restliche Gemüse dazugeben, das nur ganz kurz gekocht werden muss – zum Beispiel die gefrorenen Erbsen.

10 Am Schluss sollte die ganze Flüssigkeit aufgesogen sein, sodass man das Risotto direkt aus dem Topf schöpfen und mit Erdnüssen garniert servieren kann.

Reichhaltig, sättigend und unglaublich cremig. So cremig, dass man denkt, man hätte Sahne benutzt. Doch die Textur kommt alleine von der – zugegeben etwas aufwendigen – Methode, nur schussweise Wasser hinzuzufügen und kräftig zu rühren! Dafür muss man im Nachhinein aber nicht viel putzen, denn man kommt mit einem einzigen Topf aus.

Ayurvedische Detox-Bowl
MUNGO-QUINOA-KHICHDI

Ca. 45 Min.
+ Einweichen mind. 8 Std.

- *50 g ungekochte Mungobohnen*
- *2–3 dünne Scheiben Ingwer*
  (Bio-Qualität)
- *1/2 TL Kurkumapulver*
- *1/2 TL Kreuzkümmelpulver*
- *1/4 TL Kardamompulver*
- *Pfeffer*
- *1/2 TL Ceylon-Zimtpulver*
- *1 TL Kokosöl oder Ghee*
- *30 g ungekochte Quinoa*
- *50 g Karotten*
- *50 g Zucchini*
- *50 g Fenchel*
- *1 kl. Handvoll frische Petersilie*
- *Salz*

Info

* Ayurveda? Das ist eine traditionelle indische Heilkunst, die in unseren Kreisen auch als natürliche Entgiftungskur bekannt ist.

1 Die Mungobohnen mind. 8 Stunden, am besten über Nacht, in Wasser einweichen. Danach gründlich abspülen.

2 Die Bio-Ingwerscheiben in ganz feine Stückchen schneiden. Mit den Gewürzen in einen Topf geben und in etwas Kokosöl oder Ghee anschwitzen, bis es zu duften beginnt.

3 Quinoa in einem Sieb unter fließendem Wasser abspülen und abtropfen. Zusammen mit den Mungobohnen zu den Gewürzen geben und 2–3 Min. anbraten. Mit 400 ml Wasser ablöschen und bei kleiner Hitze köcheln.

4 Karotten, Zucchini und Fenchel waschen, putzen, evtl. schälen und in kleine Würfel schneiden. Die Petersilie waschen, trocken schütteln und hacken. Alles mit in den Topf geben und so lange köcheln, bis die Mungobohnen gar sind (ca. 20–30 Min.). Am Ende sollte das ganze Wasser aufgesogen sein. Nochmals abschmecken, nach Belieben salzen und in einer Bowl servieren.

Mein ayurvedisches Lieblingsgericht mit beruhigender und reinigender Wirkung. Unsere Verdauung ist meist überstrapaziert und eine leicht bekömmliche Speise wie Khichdi kann hierbei Wunder bewirken. Sie entlastet den Verdauungstrakt, heilt die Darmwände und hilft dem Stoffwechsel beim Entspannen und Entgiften.

NÄHRWERTE CA. 344 KCAL – 18 G PROTEIN – 45 G KOHLEN-HYDRATE – 14 G BALLASTSTOFFE – 7 G FETT (2 G UNGESÄTTIGT)

VEGANE KÜRBIS-PILZ-TALER

mit Hanfsamen und Quinoa

Ca. 50 Min.

1 Kürbis in Stücke schneiden, Schale und Kerne entfernen und in einem Schnellkochtopf dämpfen – so wird er in 10 Min. weich. Alternativ 15–20 Min. in einem normalen Topf kochen. Die Quinoa in einem Sieb unter fließendem Wasser abspülen und danach mit einer Prise Salz in der 2,5-fachen Menge Wasser für 12–15 Min. kochen.

2 Für die Taler das Gemüse, wenn nötig, schälen, putzen und zerkleinern. Die Karotten per Hand raspeln oder in einem Food Processor zerhacken, die Pilze in kleine Würfel schneiden. Einen in Scheiben geschnittenen Pilz für das Topping beiseitelegen.

FÜR DIE BOWL:

▸ *30 g ungekochte Quinoa*
▸ *Salz*
▸ *50 g Salat*
▸ *1 Handvoll kl. Tomaten*

FÜR DIE TALER
(CA. 6 STÜCK):

▸ *150 g Hokkaido-Kürbis*
▸ *100 g Karotten*
▸ *100 g Pilze (z. B. Champignons)*
▸ *1 Handvoll Petersilie*
▸ *Salz & Pfeffer*
▸ *Chilipulver*
▸ *30 g Haferflocken*
▸ *2 EL geschälte Hanfsamen*
▸ *Kreuzkümmelpulver*
▸ *3–4 TL Avocadoöl*

FÜR DAS DRESSING:

▸ *1 EL Zitronensaft*
▸ *1 kl. EL Olivenöl*
▸ *Salz & Pfeffer*

....

NÄHRWERTE CA.

689 KCAL – 21 G PROTEIN –
69 G KOHLENHYDRATE –
14 G BALLASTSTOFFE –
34 G FETT (27 G UNGE-
SÄTTIGT)

Tipp

* Für eine vegetarische Version noch 1 Ei in den Talerteig
rühren. Dadurch halten die
Taler besser zusammen!

3 Petersilie waschen, trocken schütteln, grob hacken und mit den Karotten, Pilzen, Salz, Pfeffer, etwas Chili und einem Schuss Wasser in einem Topf 5 Min. dünsten. Am Ende sollte kein Wasser mehr am Topfboden sein, ansonsten das überflüssige Wasser abgießen.

4 Den Kürbis aus dem Topf nehmen und zu einem Brei pürieren. Danach das gedünstete Gemüse, Haferflocken und Hanfsamen dazugeben. Mit einer Gabel zu einer einheitlichen, ziemlich festen Masse verrühren und mit Salz, Pfeffer und Kreuzkümmel abschmecken.

5 Den Backofen auf 150 Grad vorheizen. Nun mit einem Löffel aus dem Teig kleine Taler formen und sie in etwas Avocadoöl von beiden Seiten gut in einer Pfanne anbraten. Die Schwierigkeit ist dabei, dass die Taler zusammenhalten. Als »Quick Fix« einen Löffel Haferflocken oder Mehl in der Masse verrühren. Ansonsten einfach mit dem Pfannenwender wieder zusammenschieben, denn im nächsten Schritt löst sich das Problem.

6 Die Taler auf einem mit Backpapier ausgelegten Blech 20 Min. im vorgeheizten Backofen backen. Das entzieht ihnen Feuchtigkeit und macht sie krosser und stabiler.

7 Für das Dressing alle Zutaten miteinander vermischen. Salat putzen, waschen und trocken schleudern. Die Bowl damit auslegen, Tomaten waschen und hinzufügen und mit dem Dressing anmachen. Die Quinoa mit einem Sieb abgießen und mit den Kürbistalern auf dem Salat anrichten. Die Pilzscheiben als Topping nicht vergessen.

Vegane Burger, Taler oder Sticks, abgepackt im Kühlregal des Bio-Supermarkts unseres Vertrauens, schmecken alle ähnlich und sind bei genauerem Hinsehen meist mit viel Soja und günstigen Ölen zubereitet. Diese Kürbis-Pilz-Taler hier bestehen jedoch aus hochwertigen Zutaten: Der Kürbis als Grundlage, die Pilze geben einen fleischigen Biss, Hanfsamen und Haferflocken sind unser Bindemittel.

VEGANE LINSEN-BURGER-
pattys mit Pommes und Cashew-Dip

ca. 1 Std.
+ Einweichen mind. 2 Std.

FÜR DIE BURGERPATTYS
(FÜR 5 STÜCK):

› *100 g Süßkartoffeln*
› *50 g ungekochte Linsen*
› *Salz*
› *40 ml Pflanzendrink*
› *1 EL Sonnenblumenkerne*
› *30 g Haferflocken*
› *Chilipulver*
› *Kreuzkümmelpulver*
› *Pfeffer*
› *2–3 TL Avocadoöl*

FÜR DIE POMMES:

› *200 g Kartoffeln*
› *1 TL Avocadoöl*
› *Kreuzkümmelpulver*
› *Pfeffer*
› *Paprikapulver, edelsüß*

▶

1 Für den Cashew-Dip die Cashewnüsse in Wasser einweichen – mind. 2 Std., besser über Nacht.

2 Für die Basis der Burgerpattys verwende ich eine kleine Süßkartoffel. Diese 15–20 Min. ungeschält kochen oder in einem Schnellkochtopf 10–15 Min. dünsten. Anschließend die Schale abziehen.

3 Derweil die Linsen in einem Sieb unter fließendem Wasser abspülen und danach mit Wasser und 1 Prise Salz kochen. Je nach Linsensorte variiert die Garzeit – meine roten Linsen brauchen rund 15 Min. Anschließend abgießen und beiseitestellen.

4 Den Backofen auf 190 Grad vorheizen. Die Kartoffeln waschen, putzen, in längliche Streifen schneiden, in etwas Avocadoöl wenden und mit Kreuzkümmel, Pfeffer und Paprika würzen. 30 Min. im vorgeheizten Backofen auf einem mit Backpapier ausgelegten Backblech kross werden lassen.

5 Die gekochte Süßkartoffel mit etwas Pflanzendrink cremig pürieren. Danach die Linsen, Sonnenblumenkerne und Haferflocken dazugeben und unterrühren. Den Burgerteig mit Gewürzen abschmecken. Aus dem Teig 5 Pattys formen und in einer Pfanne mit Avocadoöl von beiden Seiten gut anbraten. Die Burgerpattys anschließend auf einem mit Backpapier ausgelegten Blech parallel zu den Pommes 10–15 Min. in den Ofen legen.

6 Die Buschbohnen für die Bowl waschen, putzen und ganz pur gleichzeitig mit in den Ofen legen. Währenddessen die ▶

FÜR DEN CASHEW-DIP:

› *50 g Cashews*

› *Wasser*

› *1 EL frischer Zitronensaft*

› *Salz*

FÜR DIE BOWL:

› *50 g Buschbohnen*

› *50 g Salat*

Cashewnüsse in einem Sieb unter fließendem Wasser abspülen und in einem Mixer mit dem frischen Zitronensaft, 30 ml Wasser und einer ordentlichen Prise Salz pürieren. Es kann einige Minuten dauern, bis der Dip vollkommen cremig ist! Hier am besten immer wieder die Masse von den Seiten nach unten schieben, damit alles gleichmäßig verarbeitet werden kann.

7 Den Salat putzen, waschen und trocken schleudern. Die Bowl mit Salat auslegen, die Buschbohnen hinzufügen, Burgerpattys und Pommes darauf anrichten und den Cashew-Dip bereitstellen.

Burgerpattys ohne Fleisch? Schmecken sogar den Männern zu Hause. Dieses Gericht kann ich allen ans Herz legen, die erst von der gesunden Ernährung überzeugt werden müssen. Denn unsere sündhaften Lieblinge wie Burger und Pommes gehen auch in gesund und schmecken grandios!

NÄHRWERTE CA. 1.037 KCAL – 34 G PROTEIN – 124 G KOHLEN-HYDRATE – 17 G BALLASTSTOFFE – 44 G FETT (36 G UNGESÄTTIGT)

········ *Tipp* ········

✳ Falls der Burgerteig beim Braten nicht zusammenhält: 1 EL Mehl hilft!

AUS DER ERDE –

gebackene Rote Bete, Süßkartoffel-Pommes und gerösteter Apfel

1 Den Backofen auf 180 Grad vorheizen.

2 Die Süßkartoffel putzen, schälen und in längliche Streifen schneiden, mit 2 TL Avocadoöl in eine Schale geben und darin wenden. Die Gewürze vermischen und die Kartoffelstreifen darin wenden. Ich benutze hier Kreuzkümmel, Salz und Pfeffer.

3 Die Rote Bete in Würfel schneiden – am besten mit einem Küchenpapier zwischen den Fingern und der Roten Bete, denn sie färbt ab! Anschließend auch in Avocadoöl und Pfeffer wenden.

Ca. 40 Min.

FÜR DAS GEMÜSE:

> *200 g Süßkartoffeln*
>> *3 TL Avocadoöl*
> *Kreuzkümmelpulver*
>> *Salz*
>> *Pfeffer*
> *100 g rohe Rote Bete*
>> *100 g Karotte*
>> *100 g Zucchini*
>> *50 g Apfel*
>> *50 g Radieschen*
>>> *Kresse*

**FÜR DIE KÜRBIS-
KERNSOSSE:**

> *30 ml cremige Kokosmilch*
>> *2 TL Kürbiskernmus*
> *1 TL Apple Cider Vinegar
oder Essig*
>>> *Salz*
>>> *Pfeffer*

.... *Tipp* ....

* Auch Pastinake, Topinam-
bur, Wurzelpetersilie oder
Fenchel kann man hierzu
kombinieren! Einfach genau
wie die Rote Bete zubereiten.

4 Süßkartoffel-Pommes und Rote-Bete-Würfel auf einem mit Backpapier ausgelegten Blech verteilen und 25–30 Min. im vorgeheizten Backofen backen. Braune, krosse Pommes sind hier das Zeichen, dass beides aus dem Ofen genommen werden kann.

5 In der Zwischenzeit die Karotten schälen, putzen und raspeln oder in einem Food Processor zerkleinern. Die Zucchini waschen, putzen und mit einem Spiralschneider zu Nudeln schneiden. Radieschen waschen und vierteln.

6 Den Apfel waschen, putzen, in Scheiben schneiden und mit in den Ofen legen. Da er nur rund 15 Min. benötigt, sollte das Timing jetzt perfekt sein.

7 Für die Kürbiskernsoße einfach alle Zutaten in einem Mixer cremig mischen und anschließend mit den Zucchininudeln (auch »Zoodles« genannt) vermengen.

8 Die Bowl mit den Zoodles auslegen, Karotten-Shreds dazugeben, alle Zutaten aus dem Ofen darauf anrichten und mit den Radieschen und der Kresse toppen.

Süßkartoffeln, Rote Bete, Karotten und Radieschen ... Was sie gemeinsam haben? Sie wachsen unter der Erde und sind dort das »Speicherorgan« für alle Stoffe, die eine Pflanze zum Leben braucht. Ob gebacken oder roh, geraspelt oder am Stück – sie sind unglaublich vielseitig und nährstoffreich und haben deshalb einen Stammplatz auf meinem Speiseplan!

NÄHRWERTE CA. 567 KCAL – 11 G PROTEIN – 76 G KOHLEN-
HYDRATE – 15 G BALLASTSTOFFE – 23 G FETT (9 G UNGESÄTTIGT)

Unkompliziert, gesund und schmeckt nach mehr Arbeit, als es ist.
Ofengemüse ist perfekt für jeden, der nicht 20 Min. am Herd stehen
möchte – einfach Gemüse in den Ofen schieben und Timer stellen!
An einem prall gefüllten Tag meine liebste Art zu kochen.

OFENGEMÜSE
mit gerösteten Kichererbsen und Pesto-Spinat

Ca. 45 Min.

› 30 g Spinat-Walnuss-Oliven-Pesto
(Rezept siehe Seite 215)
  › 100 g Karotten
  › 150 g Zucchini
  › 100 g Pilze
  › 150 g Tomaten
  › 2–3 TL Avocadoöl
  › 2 TL Ingwerpulver
  › Salz
  › Pfeffer
› 30 g Kichererbsen aus dem Glas
  › 30 g Babyspinat
› optional: getr. Oregano,
Chilipulver, getr. Thymian

NÄHRWERTE CA.
351 KCAL – 11 G PROTEIN –
27 G KOHLENHYDRATE –
11 G BALLASTSTOFFE –
21 G FETT (17 G UNGE-
SÄTTIGT)

1 Den Backofen auf 190 Grad vorheizen und das Spinat-Walnuss-Oliven-Pesto vorbereiten.

2 Das Gemüse putzen, waschen und – wenn nötig – schälen. Wer »schlanke« Karotten hat, kann sie im Ganzen in den Ofen legen, ansonsten lieber halbieren. Die Zucchini und Pilze in Scheiben schneiden, die Tomaten halbieren.

3 Nun das Gemüse mit ein wenig Avocadoöl bestreichen oder beträufeln und würzen. Die Karotten würze ich mit Ingwerpulver, zu den Tomaten und Zucchini passt Oregano und Chili, für Pilze eignet sich Thymian. Salz und Pfeffer passen alternativ zu allem.

4 Die Kichererbsen in einem Sieb unter fließendem Wasser gründlich abspülen, abtropfen und anschließend in einer Schale mit etwas Ingwerpulver vermischen.

5 Backpapier auf einem Backblech auslegen. Das Gemüse mit den Kichererbsen schön verteilen. Anschließend rund 20–25 Min. im vorgeheizten Backofen backen, bis das Gemüse gar und köstlich gebräunt ist.

6 In der Zwischenzeit den Babyspinat putzen, waschen, trocken schleudern, mit dem selbst gemachten Pesto vermengen und in einer Bowl auslegen. Das Ofengemüse in der Bowl anrichten und mit etwas zusätzlichem Pesto toppen.

SPAGHETTI

mit veganer Linsen-Bolognese

....

1 Optional: Zwiebeln schälen, klein schneiden und in einem Topf mit etwas Öl glasig dünsten.

2 Die Karotten, Pilze und Paprika waschen, putzen, evtl. schälen und entweder mit einem Messer ganz klein würfeln oder in einem Food Processor verarbeiten. Oliven in Scheiben schneiden, Kräuter waschen, trocken schütteln und hacken.

3 Das Gemüse mit den Kräutern, Salz und Gewürzen sowie 1 TL Avocadoöl 5 Min. anbraten. Wenn es frische Kräuter sind, sollte man zusammen rund 1 Handvoll Rosmarin, Petersilie und Basilikum verwenden. Wenn es getrocknete sind, jeweils 1 TL.

Ca. 25 Min.

**FÜR 2 PORTIONEN
(350 G BOLOGNESE):**

- ➤ 50 g Karotten
  - ➤ 50 g Pilze
  - ➤ 50 g Paprika
  - ➤ 20 g Oliven
- ➤ 1 Handvoll frische Kräuter
  (z. B. Basilikum, Rosmarin)
  - ➤ Salz
  - ➤ Pfeffer
- ➤ Chilipulver nach Geschmack
  - ➤ 2–3 TL Avocadoöl
  - ➤ 25 g ungekochte Linsen
    (z. B. rote Linsen)
  - ➤ 200 g passierte Tomaten
  - ➤ 80 g ungekochte Spaghetti
  (z. B. aus Vollkorndinkel oder
  Kichererbsen)
  - ➤ optional: Zwiebeln,
    etwas Avocadoöl

TOPPINGS:
- ➤ 2 TL Hefeflocken

Tipp

✳ Die Bolognese kann man verschlossen einige Tage im Kühlschrank
aufbewahren und mit anderen
Gerichten kombinieren, zum Beispiel
mit den Zoodles auf Seite 157.

4 Linsen in einem Sieb unter fließendem Wasser abspülen und abtropfen. Zusammen mit den passierten Tomaten, 150 ml Wasser und dem Gemüse in einem Topf zum Köcheln bringen. Regelmäßig rühren. Je nach Sorte garen die Linsen unterschiedlich lange, rote Linsen brauchen rund 15 Min. Am Garzeitende abschmecken und nachwürzen.

5 Währenddessen die liebste Pastasorte (z. B. 80 g Spaghetti aus Vollkorndinkel- oder Kichererbsenmehl) nach Zubereitungsempfehlung in Salzwasser kochen, anschließend abgießen. Am liebsten brate ich sie dann noch in etwas Avocadoöl an.

6 Die Pasta mit der Bolognese toppen und servieren. Darf es noch etwas Parmesan sein? Die vegane Alternative sind Hefeflocken!

Ist das gesund? Und wie! Angefangen bei der Bolognese: Wer diese hier probiert hat, braucht in Zukunft kein Fleisch mehr. Das bestätigt sogar mein Papa. Gewürfeltes Gemüse, Linsen und vor allen Dingen die richtigen Kräuter machen den Unterschied. Und auch bei den Nudeln muss man nicht zur nährstoffarmen, weißen Weizenpasta greifen. Vollkorn, Dinkel, Reis oder sogar Nudeln aus Kichererbsen, Bohnen oder Linsen gibt es heutzutage in fast jedem Einkaufsregal. Diese sind zum Teil sogar glutenfrei und haben einen sehr viel höheren Proteingehalt. Auf diesem Bild sind Spaghetti aus Kichererbsen- und braunem Reismehl zu sehen. Waren super!

NÄHRWERTE CA. 460 KCAL – 22 G PROTEIN – 62 G KOHLEN-
HYDRATE – 10 G BALLASTSTOFFE – 14 G FETT (8 G UNGESÄTTIGT)

Leichte Zucchini-Nudeln
MIT VEGANER BOLOGNESE

Ca. 50 Min.

› 1 Portion vegane Bolognese
(Rezept siehe Seite 154)
› 20 g ungekochte Linsen
› 100 g Zucchini
› 50 g Pilze
› Salz
› Pfeffer
› 50 g Spinat
› Muskatnusspulver
› 50 g Artischockenherzen

NÄHRWERTE CA.
340 KCAL – 16 G PROTEIN –
34 G KOHLENHYDRATE –
7 G BALLASTSTOFFE –
15 G FETT (12 G UNGE-
SÄTTIGT)

1 Vegane Bolognese kochen (siehe Rezept S. 154) oder auf vorbe-
reitete, im Kühlschrank gelagerte zurückgreifen. Linsen in einem
Sieb unter fließendem Wasser abspülen und in kochendem, gesalzenem
Wasser garen. Auch sie können schon vorbereitet sein.

2 Zucchini waschen, putzen, in einem Spiralschneider zu Zoodles
drehen und zusammen mit der Bolognese auf dem Herd langsam
erhitzen, bis die Zucchini-Nudeln weich werden. Das braucht in der
Regel 5–10 Min.

3 Pilze putzen, in Scheiben schneiden und mit etwas Salz, Pfeffer
und 1 Schuss Wasser in einer Pfanne dünsten.

4 Spinat putzen, waschen, ganz kurz in einer geschlossenen Pfanne
mit 1 Schuss Wasser zusammenfallen lassen und mit Salz, Pfeffer
und Muskat würzen.

5 Artischocken klein schneiden. Die Bowl mit Linsen, Bologne-
se-Zoodles, Spinat und Pilzen auslegen und mit den Artischo-
ckenstücken toppen. Voilà – schnell und einfach!

Lust auf ein leichtes Gericht? Wenn es mal nicht ganz so »vollwertig«
sein soll oder man immer noch satt von den Spaghetti mit veganer Linsen-Bolognese (Seite 154) ist: Diese Gemüse-Bowl ist im Handumdrehen fertig, vereint herzhaft-leckere Aromen und ist leicht bekömmlich.
Und ja, ich weiß … Zoodles sind keine »echten« Nudeln. Aber das
wollen sie auch gar nicht sein. Ich sehe sie einfach als eine abwechs-
lungsreiche Art, mein Gemüse zu essen.

Schneller Zucchini-Pesto-Salat mit
GERÖSTETEN WALNÜSSEN

Ca. 25 Min.

> ‣ *50 g Spinat-Walnuss-Oliven-Pesto*
> *(Rezept siehe Seite 215)*
> > ‣ *20 g Walnüsse*
> > ‣ *200 g Zucchini*
> > ‣ *100 g kl. Tomaten*
> > ‣ *20 g Oliven*
> > ‣ *1 Handvoll Babyspinat*

NÄHRWERTE CA.
397 KCAL – 10 G PROTEIN –
14 G KOHLENHYDRATE –
5 G BALLASTSTOFFE – 34 G
FETT (28 G UNGESÄTTIGT)

Tipp

✳ Keine Lust auf einen kalten
Salat? Die Zutaten einfach
nach Schritt 4 in einer Pfanne
erhitzen. Zucchini, Spinat und
Pesto sind als warme Speise
genauso lecker.

1 Das Spinat-Walnuss-Oliven-Pesto frisch mixen oder bereits
vorbereitet lagern.

2 Die Walnüsse ohne Fett auf einem Backblech bei 165 Grad
10 Min. im Backofen rösten. Nach 5 Min. alle Nüsse einmal
wenden.

3 Die Zucchini waschen, putzen und mit einem Spiralschneider
zu Nudeln verarbeiten. Die Tomaten waschen, putzen und
halbieren, die Oliven in Scheiben schneiden. Auch den Babyspinat
putzen, waschen, trocken schleudern und etwas zerkleinern.

4 Nun noch die Zoodles in einer Schüssel mit dem Pesto verrühren und die restlichen Zutaten hinzugeben – am einfachsten
geht das mit den Händen. Die Walnüsse grob auseinanderbrechen
und 2 ganze für das Topping übrig lassen.

5 Entweder sofort in einer Bowl anrichten oder im Kühlschrank
1–2 Tage lagern.

Diese Bowl könnte ich mir jeden Tag kochen … wobei »kochen«
fast übertrieben ist. Da die Hauptzutaten roh bleiben, ist diese Bowl
in null Komma nichts fertig! Eignet sich perfekt zum Vorbereiten
oder Mitnehmen. Die Zucchini bleibt fest und das Pesto als
Dressing läuft nicht aus. Nur die gerösteten Nüsse erst vor dem
Servieren hinzufügen!

QUINOA-SALAT –
der Klassiker

Ca. 20 Min.

FÜR DEN SALAT:

> *50 g ungekochte Quinoa*
>> *Salz*
>> *50 g Gurke*
>> *50 g kl. Tomaten*
>> *50 g Radieschen*
>> *50 g Avocado*
>> *30 g Rotkohl*
>> *1 Handvoll Salat*
> *1 Handvoll frische Petersilie*

FÜR DAS DRESSING:

> *1 EL Zitronensaft oder Essig*
> *1 kl. EL Oliven-, Leinsamen-*
>> *oder Hanföl*
>> *2 EL Pflanzendrink*
>> *1–2 TL Agavendicksaft*
>> *Salz & Pfeffer*

TOPPINGS:

> *10 g Kürbiskerne*

········ *Tipp* ········

* *Quinoa* schütztt sich in der Natur
durch Saponine vor Schädlingen.
Diese geben ihr einen leicht bitte-
ren Geschmack. Deshalb vor dem
Kochen gründlich abwaschen – das
reduziert diese Eigenheit!

1 Quinoa in einem Sieb abbrausen und mit der 2,5-fachen Menge an Wasser und 1 Prise Salz 12–15 Min. köcheln, bis das gesamte Wasser aufgesogen wurde.

2 In der Zwischenzeit das Gemüse waschen, putzen, evtl. schälen und klein würfeln. In der Zutatenliste stehen die Sorten, die ich am liebsten mit Quinoa kombiniere. Aber falls man noch etwas anderes in der Küche findet – immer rein damit! Salat und Petersilie waschen, trocken schleudern und grob zerkleinern.

3 Etwas Küchenpapier auf einen großen Teller legen und die gekochte Quinoa darauf schöpfen. Je größer die Fläche ist, desto schneller kühlt sie aus.

4 Die flüssigen Zutaten für das Dressing mischen, mit Salz und Pfeffer abschmecken und beiseitestellen. Sobald die Quinoa lauwarm oder kalt ist, kann man sie mit dem Gemüse vermengen und die Salatsoße darübergießen. Mit Kürbiskernen toppen.

Man nennt Quinoa »das Gold der Inkas« ... und das nicht ohne Grund. Das kleine Körnchen ist wahrscheinlich meine liebste pflanzliche Eiweißquelle, da sie alle essenziellen Aminosäuren enthält und damit ein »komplettes« Protein ist. Das Pseudogetreide ist glutenfrei und schlägt unsere herkömmlichen Getreidesorten in puncto Vitaminen und Mineralien um ein Vielfaches.

NÄHRWERTE CA. 484 KCAL – 15 G PROTEIN – 42 G KOHLEN-HYDRATE – 9 G BALLASTSTOFFE – 27 G FETT (22 G UNGESÄTTIGT)

Fruchtiger Quinoa-Salat –
MAL ANDERS

Ca. 20 Min.

FÜR DEN SALAT:

› *50 g ungekochte Quinoa*
› *1 Prise Salz*
› *50 g Kichererbsen aus dem Glas*
› *1/2 Apfel*
› *20 g Trauben*
› *20 g Heidelbeeren*
› *20 g Goji-Beeren*
› *20 g Mandeln*
› *1 Handvoll Salat*

FÜR DAS DRESSING:

› *1/2 Apfel*
› *1 EL frischer Zitronensaft*
› *30 ml Pflanzendrink*
(z. B. Mandeldrink)
› *1/2 TL Ceylon-Zimtpulver*
› *Salz & Pfeffer*

NÄHRWERTE CA.
510 KCAL – 19 G PROTEIN –
75 G KOHLENHYDRATE – 20 G
BALLASTSTOFFE – 16 G FETT
(14 G UNGESÄTTIGT)

1 Quinoa in einem Sieb abbrausen und mit der 2,5-fachen Menge an Wasser und 1 Prise Salz 12–15 Min. köcheln lassen, bis das Wasser aufgesogen worden ist. Anschließend auf einen Teller mit Küchenpapier legen und auskühlen lassen.

2 Währenddessen die Kichererbsen in einem Sieb unter fließendem Wasser abbrausen, gründlich abtropfen und in einer Pfanne ohne Fett anrösten, bis sie goldbraun sind.

3 Die Früchte waschen, putzen und evtl. klein schneiden. Ich verwende gerne einen halben Apfel, Trauben und ein paar Beeren. Auch getrocknete Sorten wie Goji-Beeren eignen sich super. Die Mandeln grob hacken. Den Salat putzen, waschen, trocken schleudern und klein zupfen.

4 Für das Dressing alle aufgelisteten Zutaten in einem Mixer pürieren. Nach Belieben mit Salz und Pfeffer nachwürzen.

5 Nun die Quinoa mit Obst, Salat, den gerösteten Kichererbsen und gehackten Mandeln vermengen, das Dressing untermischen und in einer Bowl servieren.

Quinoa-Salate mag ich so unglaublich gerne, dass ich es nicht bei nur einer Gemüse-Version (Seite 161) belassen konnte. Denn auch gepaart mit fruchtig-süßen Aromen schmeckt Quinoa richtig lecker! Man kann die Zutaten nach Lust und Laune ersetzen oder erweitern – es gibt kein Richtig oder Falsch. Eine Faustregel: eine süße Frucht (Traube), eine knackige Sorte (Apfel), etwas Herzhaftes (Kichererbsen) und ein wenig Crunch (Mandeln).

RAW-RAINBOW-BOWL
mit Mangodressing

Ca. 20 Min.

FÜR DIE BOWL:

› *1 Handvoll Salat*
› *50 g Zucchini*
› *50 g Karotte*
› *50 g Rote Bete*
› *50 g Radieschen*
› *50 g Gurke*
› *20 g Mango*

FÜR DAS DRESSING:

› *50 g Mango*
› *1 kl. EL Hanf- oder Olivenöl*
› *50 ml Wasser*
› *etwas Petersilie*
(frisch oder getrocknet)
› *Salz & Pfeffer*

TOPPINGS:

› *1 kl. Handvoll Sprossen*

······· *Tipp* ·······

* Für rohes Gemüse braucht man ein starkes »Verdauungsfeuer« – sonst drohen Bauchweh und Blähungen. Unsere Verdauung wird u. a. durch Stress oder auf Reisen geschwächt. Daher in solchen Zeiten lieber die Finger von rohem Gemüse lassen.

1 Den Salat waschen, putzen und trocken schleudern. Das Gemüse waschen, putzen und evtl. schälen. Zucchini in einem Spiralschneider zu Nudeln formen, Karotten raspeln, Rote Bete als hauchdünnes Carpaccio aufschneiden, Radieschen halbieren, Gurke zu Sticks schneiden und Mango würfeln.

2 Für das Mangodressing alle Zutaten cremig pürieren und mit Salz und Pfeffer abschmecken. Hier kann man auch gerne gefrorene Mango verwenden – die man in dem Fall natürlich erst noch auftauen sollte.

3 Nun der »schwierigste« Part: Den Salat als Basis der Bowl auslegen und das rohe Gemüse darauf wie eine Art Regenbogen anrichten – ähnlich wie die Streifen einer Açai-Bowl. Mit Sprossen toppen.

Die »Raw«-Thematik ist in aller Munde. Wieso? Verschiedene Nährstoffe können sehr hitzempfindlich sein und somit beim Kochen verloren gehen. Nicht erhitzte Nahrung enthält beispielsweise mehr Vitamin B und C. Auch manche Antioxidanzien überstehen das Kochen häufig nicht. Und das wäre natürlich schade! Aus diesem Grund sollte man sich ab und zu auch mal mit frischem, knackigem Gemüse versorgen. Die heilende Wirkung dieser wertvollen Pflanzen kommt jedoch nur zum Zug, wenn man sie verdauen kann. Ausprobieren ist somit gefragt – manche sind empfindlich, andere überhaupt nicht! Ich persönlich vertrage rohen Brokkoli, Blumenkohl oder Grünkohl leider weniger.

NÄHRWERTE CA. 192 KCAL – 4 G PROTEIN – 22 G KOHLENHYDRATE – 4 G BALLASTSTOFFE – 10 G FETT (8 G UNGESÄTTIGT)

GEMÜSE-STICKS
mit Hummus – der schnelle Snack

Ca. 15 Min.

FÜR DIE GEMÜSE-STICKS:

> 1 Karotte

> 1/2 Gurke

> 1/2 Paprika

> 1 Tomate

> 1 Handvoll Radieschen

FÜR DEN HUMMUS:

> 80 g Kichererbsen aus dem Glas

> 1 EL Tahini

> 1 kl. EL Olivenöl oder
> 1 EL Pflanzendrink

> 1 gr. Schuss Zitronensaft

> 1/2 TL Kreuzkümmelpulver

> 1 gr. Prise Salz

> Pfeffer

> optional: Knoblauch

Tipp

* Viele Antioxidanzien sitzen in oder direkt unter der Schale. Aus diesem Grund schäle ich mein Gemüse, wenn möglich, nicht – gründliches Waschen genügt bei Bio-Qualität!

1 Das Gemüse waschen, putzen – wenn nötig schälen – und in Streifen schneiden. Tomaten und Radieschen halbiere oder viertle ich.

2 Für den Hummus die Kichererbsen in einem Sieb unter fließendem Wasser abspülen, abtropfen und anschließend mit den restlichen Zutaten cremig mixen. Die klassische Version sieht Olivenöl vor, aber als kalorienarme Alternative funktioniert auch der liebste Pflanzendrink!

3 In der Regel muss man dem Food Processor oder Mixer behilflich sein und die Masse immer wieder von den Wänden nach unten schieben. Hauptsache, der Hummus wird schön cremig.

4 Die Gemüse-Sticks anrichten und den Hummus in einer Bowl servieren. Perfekt zum Teilen – wenn man teilen möchte.

Ein unkomplizierter Minuten-Snack. Dieser herzhafte Dip, der einem das Wasser im Mund zusammenlaufen lässt, ist zugleich reich an Proteinen und gesunden Fetten. Hummus schmeckt Gott sei Dank nicht nur zu Fladenbrot, sondern auch mit rohem Gemüse hervorragend. Das liefert uns viele Vitamine und Mineralien sowie eine große Ladung an Ballaststoffen und Antioxidanzien. Ideal für den kleinen Hunger, zum Teilen oder zum Servieren als Vorspeise!

NÄHRWERTE CA. 338 KCAL – 12 G PROTEIN – 31 G KOHLEN-HYDRATE – 12 G BALLASTSTOFFE – 17 G FETT (14 G UNGESÄTTIGT)

Schnelle Spinat-Erbsen-Suppe
MIT CASHEWS

Ca. 10 Min.
+ mind. 2 Std. Einweichen

› *30 g Cashews*
› *250 ml Cashewdrink*
› *70 g Spinat*
(frisch oder gefroren)
› *70 g Erbsen*
(frisch oder gefroren)
› *1 Schuss Zitronensaft*
› *1–2 TL Agavendicksaft*
› *Salz*
› *Muskatnusspulver*
› *Pfeffer*
› *Chilipulver*
› *optional: frisches Basilikum*

Info

* Der Eisengehalt des *Spinats* kann durch das Vitamin C der Zitrone um ein Vielfaches besser aufgenommen werden!

1 Optional: Cashewnüsse mindestens 2 Std., auch gerne über Nacht, in einem Glas Wasser mit etwas Salz einweichen. Anschließend unter fließendem Wasser in einem Sieb abspülen. So lassen sie sich einfacher verarbeiten und sind besser bekömmlich.

2 Cashewnüsse, Cashewdrink, Spinat und Erbsen cremig pürieren. Wer frisches Basilikum zur Hand hat, darf auch das gerne in den Mixer schmeißen.

3 Die Suppe mit einem Schuss Zitronensaft, dem Agavendicksaft, Salz und den Gewürzen abschmecken.

4 Zum Schluss in einem Topf auf dem Herd langsam erhitzen und noch einmal abschmecken – fertig!

Diese Suppe bekommt 100 Punkte in Sachen Bequemlich- und Schnelligkeit. Pürieren & erhitzen – das war's! Außerdem benötigt man nicht zwingend frische Zutaten, alles kann auf Vorrat gelagert werden. Spinat und Erbsen habe ich immer in der Gefriertruhe, ein Cashewdrink ist ungeöffnet selbst ungekühlt über ein Jahr haltbar und den Rest findet man für gewöhnlich auch in jedem Vorratsschrank.

NÄHRWERTE CA. 342 KCAL – 15 G PROTEIN – 24 G KOHLEN-HYDRATE – 6 G BALLASTSTOFFE – 21 G FETT (17 G UNGESÄTTIGT)

Cremige Kürbis-Kokos-Suppe
MIT INGWER

Ca. 25 Min.

- › 200 g Hokkaido-Kürbis
- › 3–4 dünne Scheiben Ingwer
  (alternativ: Ingwerpulver)
- › 200 ml Pflanzendrink
  (z. B. Kokosdrink)
- › 50 ml cremige Kokosmilch
  (ca. 60 % Kokosanteil)
- › 1 Prise Salz
- › Pfeffer
- › Muskatnusspulver

TOPPINGS:
- › 10 g Kürbiskerne,
  1 TL Kokosmilch

1 Den Kürbis in Stücke schneiden und die Schale und Kerne entfernen. Den Ingwer schälen und so klein wie möglich hacken. Alternativ kann man Ingwerpulver verwenden.

2 Kürbis und Ingwer in einer Mischung aus Pflanzendrink, cremiger Kokosmilch und Salz köcheln lassen. Je nachdem, wie groß die Stücke sind, kann die Garzeit variieren. In der Regel sind rund 15 Min. notwendig. Ich schaue einfach, ab wann ich die Stücke mit einem Kochlöffel zerteilen kann – dann sind sie weich genug.

3 Alles pürieren und mit Salz und den Gewürzen abschmecken. Falls die Konsistenz zu dickflüssig ist, kann man noch etwas Pflanzendrink hinzufügen.

4 Zum Servieren mit Kürbiskernen und Kokosmilch dekorieren.

Kürbis trifft auf Kokos … noch nie probiert? Dann wird es jetzt Zeit. Eine Kürbiscremesuppe ist ein absoluter Klassiker in meiner Küche, wenn draußen die Blätter farbig werden und es mir so langsam nach wärmenden Gerichten ist. Kokosmilch ist eine perfekte pflanzliche Alternative zu Sahne und Crème fraîche – die meiner Meinung nach sogar viel, viel besser schmeckt!

NÄHRWERTE CA. 313 KCAL – 11 G PROTEIN – 32 G KOHLEN-HYDRATE – 5 G BALLASTSTOFFE – 16 G FETT (4 G UNGESÄTTIGT)

Sweet
Bowls

5

Auf Süßes verzichten, nur weil man sich gesund ernähren möchte? Das muss nicht sein! Aus diesem Grund dürfen süße Bowls in meinem Kochbuch nicht fehlen. Ein warmer Kokos-Bananen-Kuchen, Brownies oder Eiscreme – hier kann ganz ohne schlechtes Gewissen genascht werden. Denn Zucker ist nicht gleich Zucker! Mit natürlichen Nahrungsmitteln kann man ganz einfach wunderbare Desserts oder Snacks zaubern, die auch ohne raffinierten Zucker, Backpulver oder weißes Mehl auskommen. Dabei arbeite ich mit der natürlichen Süße von ganzen Früchten und mit nährstoffreichen und hochwertigen Zuckerarten wie Kokosblütenzucker, Honig oder Dattelsirup. Der Körper verdaut diese Arten von Zucker langsamer und der Blutzuckerspiegel fährt nicht Achterbahn. Die Natürlichkeit von Lebensmitteln ist mir auch in diesem Kapitel sehr wichtig, weswegen ich keine künstlichen Süßstoffe oder chemischen Ersatzstoffe in meinen Rezepten verwende.

KEKSTEIG-CREME

Ca. 10 Min.

> 150 g Kichererbsen
> aus dem Glas
> 80 g reife Banane
> 30 g Haselnussbutter
(optional andere Nussbutter,
z. B. Erdnuss)
> 6–8 EL Wasser
> Vanille (gemahlen)
> Salz
> 20 g vegane Schokoladenstücke
(mind. 80 % Kakao)
> optional: Agavendicksaft,
Dattelsirup oder
Kokosblütenzucker

Tipp

* Gesündere Alternative für
Schokoladenstücke? Ganz
einfach: Kakaonibs!

1 Für dieses Rezept verwende ich Kichererbsen aus dem Glas. Diese unter fließendem Wasser abspülen.

2 Die Kichererbsen mit der reifen Banane und der Haselnussbutter zu einer einheitlichen Masse mixen.

3 Esslöffelweise Wasser hinzufügen, bis die Masse eine cremige Konsistenz hat.

4 Die Creme mit Vanille und Salz abschmecken. Wem die Süße der Banane nicht intensiv genug ist, der fügt entweder etwas mehr Banane hinzu oder alternativ eines der aufgelisteten Süßungsmittel.

5 Die Schokoladenstücke unterrühren und die Creme mind. 1 Std. kalt stellen.

Das eindeutige Urteil aller Testesser während meiner Probeläufe war: »SO LECKER!!!« Definitiv kein luftig-leichtes Gericht, aber dafür herrlich dick und cremig. Perfekt für all die Momente, in denen man mal so richtig von Gelüsten gepackt wird. Meinem Bruder war die Creme »pur« nicht süß genug. Das Geschmackserlebnis lässt sich aber im Handumdrehen mit etwas Agavendicksaft oder Dattelsirup optimieren. Guten Appetit!

NÄHRWERTE CA. 598 KCAL – 17 G PROTEIN – 47 G KOHLENHYDRATE – 15 G BALLASTSTOFFE – 35 G FETT (25 G UNGESÄTTIGT)

NICE CREAM

4 Sorten

....

Ca. 10 Min.

....

Jeweils für alle Creams:

1 Reife Bananen schälen, in Scheiben schneiden und mind. 3 Std. einfrieren. Ich benutze hierfür zwar Gefrierbeutel aus Plastik, wasche sie aber aus und verwende sie immer wieder.

2 Falls man die Bananen schon auf Vorrat in der Gefriertruhe lagert – das kann ich nur empfehlen –, sollte man sie vor dem Verarbeiten ca. 5–10 Min. antauen lassen.

Eine der wohl besten Ideen unter uns »Gesundheitsaposteln«: die cremige Konsistenz einer Banane als Basis für eine Eiscreme verwenden! Damit gelingt gesunde Eiscreme – garantiert ohne Milch, vegan, ohne künstlich hergestellten Haushaltszucker und in etlichen Geschmacksvarianten. Die Banane bringt so unglaublich viel natürliche Süße mit, dass ich den Zusatz »optional: Dattelsirup etc.« guten Gewissens weglassen kann.

.... *Tipp* ....

* Immer frisch zubereiten! Das Rezept eignet sich nicht dafür, es als schon vorbereitete Eiscreme in der Gefriertruhe zu lagern. Aber das macht gar nichts, denn die tatsächliche Zubereitungszeit beträgt höchstens 2 Min.

....

Schokolade

Die gefrorenen Bananenstücke mit dem Kakaopulver cremig mixen und mit Kakaonibs bestreuen.

NÄHRWERTE CA. 285 KCAL – 7 G PROTEIN – 49 G KOHLEN-HYDRATE – 6 G BALLASTSTOFFE – 5 G FETT (2 G UNGESÄTTIGT)

Erdbeer-Kokos

Die Banane mit den gefrorenen Erdbeeren und der Kokosmilch pürieren. Anschließend mit Kokosraspeln garnieren.

NÄHRWERTE CA. 244 KCAL – 3 G PROTEIN – 41 G KOHLEN-HYDRATE – 7 G BALLASTSTOFFE – 8 G FETT (1 G UNGESÄTTIGT)

Crunchy Mandel

Definitiv meine Lieblingssorte! Mandeln hacken, 3/4 davon mit der gefrorenen Banane und dem Mandelmus in einen Mixer geben und pürieren. Die Eiscreme mit dem Rest der gehackten Mandeln toppen und genießen.

NÄHRWERTE CA. 469 KCAL – 12 G PROTEIN – 51 G KOHLEN-HYDRATE – 10 G BALLASTSTOFFE – 25 G FETT (22 G UNGESÄTTIGT)

Karamell

Die Datteln in einem Mixer zerkleinern. Danach die gefrorenen Bananenstücke, das Haselnussmus, Vanille und eine ordentliche Prise Salz dazugeben und pürieren.

NÄHRWERTE CA. 478 KCAL – 7 G PROTEIN – 75 G KOHLEN-HYDRATE – 11 G BALLASTSTOFFE – 16 G FETT (14 G UNGESÄTTIGT)

Mandel-Crumble-Ofen-Bowl
MIT FRÜCHTEN

Ca. 50 Min.

FÜR DIE FRUCHT-MISCHUNG:

- 1 Nektarine
- 1 Birne
- 1 Feige
- 50 g Pflaumen
- 50 g Apfelmus

FÜR DEN CRUMBLE:

- 20 g Mandeln
- 30 g Haferflocken
- 10 g gemahlene Mandeln
- 10 g Mandelmehl
- 40 ml Mandeldrink
- 1 TL Dattelsirup
- 1 Prise Salz
- 1 TL Ceylon-Zimtpulver
- 1 TL Kokosöl

Notiz

* Man kann so gut wie alle Obstsorten verwenden! Einfach je nach Saison: Äpfel, Birnen, Pflaumen oder Trauben – ich habe schon alles mit Erfolg getestet.

1 Den Backofen auf 160 Grad vorheizen.

2 Die Früchte waschen, putzen, evtl. schälen, in Stücke schneiden und in einer Schüssel mit dem Apfelmus vermengen.

3 Für den Crumble die Mandeln grob hacken und mit allen anderen Zutaten (außer dem Kokosöl) in einer separaten Schüssel zu einem Teig kneten.

4 Eine ofenfeste Bowl mit etwas Kokosöl einfetten, mit den Früchten befüllen und den Crumbleteig in ungleichmäßigen Stücken locker darauflegen.

5 Für 30–40 Min. im vorgeheizten Backofen backen und noch warm servieren.

Tatsächlich das allererste Rezeptfoto, das ich für dieses Buch geschossen habe. Ich hoffe, man bemerkt das *nicht*! Ich habe diese Bowl ganze 30 Min. lang fotografiert, damit ich auch ganz sicher ein gutes Foto davon habe. Wie dem auch sei … Diese Bowl schmeckt am besten noch warm direkt aus dem Ofen. Aber ich kann bezeugen, dass sie auch kalt ein Traum ist. Vor allem der Crumble erstaunt mich immer wieder: so simpel, so natürlich und so unglaublich lecker.

NÄHRWERTE CA. 595 KCAL – 19 G PROTEIN – 73 G KOHLEN-HYDRATE – 17 G BALLASTSTOFFE – 26 G FETT (18 G UNGESÄTTIGT)

BEERIGE OFEN-BOWL
mit Schoko-Kokos-Crumble

Ca. 25 Min.

- › *30 g Haferflocken*
- › *10 g Kokosmehl*
- › *10 g Kokosraspeln*
- › *1 TL rohes Kakaopulver, stark entölt*
- › *1 Prise Salz*
- › *40 ml cremige Kokosmilch (ca. 60 % Kokosanteil)*
- › *2 TL Kokosöl*
- › *1 TL Dattelsirup*
- › *150 g gefrorene oder frische Beeren*

NÄHRWERTE CA.
406 KCAL – 10 G PROTEIN –
33 G KOHLENHYDRATE –
16 G BALLASTSTOFFE –
23 G FETT (4 G UNGE-
SÄTTIGT)

1 Den Backofen auf 180 Grad vorheizen.

2 Die Haferflocken mit Kokosmehl, Kokosraspeln, Kakaopulver und Salz in einer Schüssel vermengen.

3 Die Kokosmilch, 1 TL Kokosöl und den Dattelsirup zu den trockenen Zutaten geben und alles zu einem Teig kneten.

4 Eine ofenfeste Bowl mit etwas Kokosöl einfetten. Einige Beeren beiseitelegen. Die restlichen Beeren in die Bowl geben und den Teig darauf streuseln. Den Teig nicht glatt drücken, sondern bewusst größere und kleinere Stücke formen.

5 Die restlichen Beeren auf den Schokoteig legen, denn das Auge isst ja bekanntlich mit. Anschließend 15 Min. im vorgeheizten Ofen backen.

Der Ofen-Crumble ist das ABSOLUTE Lieblingsrezept von Anna – der Fotografin, die alle Personenbilder von mir in diesem Kochbuch geschossen hat. Ursprünglich ist es gar kein Rezept gewesen, sondern eher eine Aktion zur Resteverwertung aller Lebensmittel, die wir vor der Abfahrt vom Fotoshooting noch verbrauchen mussten. Und da sie so von den Socken war, musste ich es vor *jeder* Fahrt zur nächsten Location erneut backen. Deshalb wurde mir klar: Dieser Crumble ist mehr als nur Resteverwertung. Manchmal sind die ungeplanten Dinge eben die besten.

QUINOA-MANDEL-KAISERSCHMARRN
mit selbst gemachter Marmelade

Ca. 30 Min.

› *40 g Quinoa (ungekocht)*

› *Salz*

› *1 Ei*

› *1 TL geschrotete Leinsamen*

› *Vanille (gemahlen)*

› *1 EL Kokosblütenzucker*
(meine Empfehlung für eine
süßere Variante: 2 EL)

› *50 ml Pflanzendrink*

› *20 g Mandeln*

› *20 g Rosinen*

› *1 TL Kokosöl*

TOPPINGS:

› *50 g Beerenmarmelade*
(Rezept siehe Seite 213),
1 TL Kokosraspeln

NÄHRWERTE CA.

564 KCAL – 21 G PROTEIN –
57 G KOHLENHYDRATE – 10 G
BALLASTSTOFFE – 27 G FETT
(17 G UNGESÄTTIGT)

1 Für das Topping die Beerenmarmelade vorbereiten (Anleitung siehe Seite 213).

2 Quinoa in einem Sieb abbrausen und mit der 2,5-fachen Menge an Wasser und 1 Prise Salz 12–15 Min. köcheln, bis das gesamte Wasser aufgesogen wurde. Währenddessen das Ei mit den Leinsamen, 1 Prise Salz, etwas Vanille und dem Kokosblütenzucker mixen. Quinoa mit dem Pflanzendrink zur Eimasse geben und zu einem Teig pürieren. Die Mixtur muss nicht sehr dickflüssig sein. Die Mandeln hacken und mit den Rosinen in den Teig rühren.

3 In einer Pfanne etwas Kokosöl erhitzen und aus dem Kaiserschmarrn-Teig einen Pfannkuchen backen. Sobald er durch leichtes Schwenken der Pfanne hin und her rutscht, kann er gewendet werden. Beide Seiten goldbraun braten. Zum Schluss mit dem Pfannenwender in mundgerechte Stücke teilen, in eine Bowl geben und mit Kokosraspeln und Marmelade servieren.

Schon der Gedanke an Kaiserschmarrn erinnert mich an Skiurlaub und lässt mir förmlich das Wasser im Mund zusammenlaufen. Mein Rezept würde auf einer Skihütte wahrscheinlich nicht serviert werden, dafür habe ich das Ganze wohl gegenüber der klassischen Rezeptur zu sehr geändert. Kein Mehl, keine Butter und kein Puderzucker, dafür nährstoffreiche Quinoa, knusprige Mandeln und selbst gemachte Marmelade.

GEBRATENER APFEL
mit Apfelkuchen-Creme

Ca. 15 Min.

FÜR DIE APFEL-
KUCHEN-CREME:

› *50 g Kichererbsen aus dem Glas*

› *50 g Apfel*

› *1 TL Nussmus*

(z. B. Cashew oder Mandel)

› *20 ml Pflanzendrink*

(z. B. Cashewdrink)

› *1 TL Ceylon-Zimtpulver*

› *1 Prise Salz*

› *etwas Muskatnusspulver*

› *1/2 TL Ingwerpulver*

› *10 g Rosinen*

FÜR DEN
GEBRATENEN APFEL:

› *1 Apfel*

› *1 TL Kokosöl*

› *1/2 TL Ceylon-Zimt*

› *1 Schuss Wasser*

› *50 g pflanzlicher Joghurt*

(z. B. Cashew- oder Kokosjoghurt)

1 Für die Apfelkuchen-Creme die Kichererbsen gründlich abbrausen, den Apfel schälen und mit den restlichen Zutaten (außer den Rosinen) im Mixer cremig pürieren. Die Rosinen erst zum Schluss beigeben. Im Normalfall muss man dem Mixer ein wenig helfen und die Paste immer mal wieder nach unten schieben, damit auch alles erfasst wird.

2 Für den gebratenen Apfel die Frucht waschen, putzen, in Stücke schneiden und mit Kokosöl und Zimt in einer Pfanne anbraten. Mit einem Schuss Wasser verteilt sich der Zimt besser und die Apfelstücke werden etwas weicher. Zu viel Öl würde dem Geschmack nicht guttun, deshalb lieber zu Wasser greifen!

3 Den gebratenen Apfel mit einer beliebigen Joghurtsorte – ich benutze am liebsten Cashew oder Kokos – und der Apfelkuchen-Creme anrichten.

Wenn man Lust auf etwas Süßes hat, einem aber nicht nach einem Stück Schokolade ist, sondern nach etwas Fruchtig-Leichtem! Diese Bowl erinnert an Omas Apfelkuchen – ohne aber ein Kuchen zu sein. Zugegeben: Diese Köstlichkeit lässt sich schwierig definieren. Die Bowl vereint alle Aromen eines Kuchens, besteht aber aus einer Creme, kombiniert mit einem Bratapfel. Schmeckt sündhaft gut, ist aber eine Sünde ohne Reue, denn die Bowl kommt ohne hinzugefügten Zucker aus.

NÄHRWERTE CA. 298 KCAL – 7 G PROTEIN – 36 G KOHLEN-HYDRATE – 8 G BALLASTSTOFFE – 12 G FETT (7 G UNGESÄTTIGT)

Früchte mit Schoko-Avocado-Dip &
SÜSSEM HUMMUS

Ca. 25 Min.

SCHOKO-AVOCADO-DIP:

- *100 g Avocado*
- *1/2 sehr reife Banane*
- *3 TL rohes Kakaopulver, stark entölt*
- *2–3 EL Pflanzendrink*

NÄHRWERTE CA.

260 KCAL – 6 G PROTEIN –
22 G KOHLENHYDRATE – 8 G
BALLASTSTOFFE – 17 G FETT
(12 G UNGESÄTTIGT)

SÜSSER HUMMUS:

- *150 g Kichererbsen aus dem Glas*
- *2 entsteinte Datteln*
- *4–5 EL Pflanzendrink*
- *1/2 TL Ceylon-Zimtpulver*

NÄHRWERTE CA.

315 KCAL – 12 G PROTEIN –
49 G KOHLENHYDRATE – 14 G
BALLASTSTOFFE – 5 G FETT
(4 G UNGESÄTTIGT)

Perfekt, wenn Freunde zu Besuch kommen und man etwas Schönes auf der Tischmitte anrichten möchte! Ein traumhaft cremiger, reichhaltiger Schoko-Dip, der von Avocado nichts erahnen lässt, und eine außergewöhnliche, süße Variante des geliebten Hummus. Zubereitet mit gesunden Lebensmitteln wie reifen Bananen oder Datteln – denn Früchte sind die Süßigkeiten unserer Natur. Die Banane und die Avocado sollten so reif wie möglich sein. Dadurch wird der Dip nicht nur süßer, sondern auch cremiger!
Für die Vorbereitung gewünschtes Obst (ca. 200 g pro Person) waschen, putzen und evtl. schälen und schneiden. Die Früchte in kleine mundgerechte Stücke schneiden, damit man sie einfacher in die Dips tauchen kann.

Schoko-Avocado-Dip

Die Avocado halbieren und den Kern entfernen. Das Fruchtfleisch aus der Schale löffeln und mit einer Gabel zerdrücken. Die Banane schälen und ebenfalls mit einer Gabel zerdrücken. Die Bananen- und die Avocadomasse verrühren. Anschließend das Kakaopulver dazugeben und alles vermengen. Falls die Konsistenz zu fest ist, einfach etwas Pflanzendrink hinzufügen.

Süßer Hummus

Die Kichererbsen gründlich abspülen. Die Datteln in einem Mixer zerkleinern. Die Kichererbsen, etwas Pflanzendrink und Zimt dazugeben und alles pürieren.

Warmer Kokos-Bananen-Kuchen
MIT SCHOKOSTÜCKEN

Ca. 30–40 Min.

....

› 1 Ei

› 2 Prisen Salz

› 2 EL Kokosmehl

› 1 EL Kokosraspeln

› 1 (braune) *Banane* (ca. 100 g)

› Vanille (gemahlen)

› 10 g dunkle, vegane Schokolade

› 1 TL Kokosöl

› optional: 1 TL Kokosblütenzucker

TOPPINGS:

› 10 g dunkle, vegane Schokolade,
ein paar Kokosraspeln

* Ich liebe überreife, braune
Bananen! Sie sind nicht nur süßer
und reicher an Antioxidanzien,
sondern eignen sich auch grandios
zum Backen. Wenn man nur frische, gelbe Bananen zur Hand hat,
kann man diese mit Schale 20 Min.
bei 160 Grad in den Ofen legen.
So beschleunigt man den Reifepro-
zess und sie sind im Handumdrehen braun.

1 Den Backofen auf 180 Grad vorheizen. Eine ofenfeste Bowl mit
etwas Kokosöl einfetten.

2 Das Ei trennen und das Eiweiß mit 1 Prise Salz steif schlagen.
Das Kokosmehl mit den Kokosraspeln und 1 Prise Salz vermischen.

3 In einer separaten Schüssel das Eigelb mit der Hälfte der
Banane und etwas Vanille zu einer gleichmäßigen Masse vermengen. Je nach Geschmack mit Kokosblütenzucker süßen. Nun
die trockene Mehlmischung mit der Bananen-Ei-Masse mischen.

4 Die restliche Banane und die Schokolade in Stücke schneiden und vorsichtig mit dem steifen Eischnee unter den Teig
heben. Sofort in die Ofen-Bowl geben. Mit mehr Schokostücken,
Kokosraspeln und den Bananenstücken toppen und 20–30 Min.
backen.

Mhhh, eine Kuchen-Bowl zum Auslöffeln. Von allen Süßspeisen
ist der Bananenkuchen das liebste Rezept meiner Eltern. Die Me-
thode mit dem Trennen und Steifschlagen des Eiweißes macht den
Kuchen wunderbar luftig-leicht – ohne ein Körnchen Backpulver.
Wir machen das zu Hause schon immer so, und zwar bei jedem
Kuchen!

NÄHRWERTE CA. 436 KCAL – 14 G PROTEIN – 33 G KOHLEN-
HYDRATE – 12 G BALLASTSTOFFE – 25 G FETT (6 G UNGESÄTTIGT)

KAROTTEN-KUCHEN-BOWL
mit Crunchy-Mandel-Nice-Cream

Ca. 30–40 Min.

FÜR DEN KUCHEN:

> 1 Ei
> Salz
> 2 EL Dinkelmehl
> 1/2 TL Ceylon-Zimtpulver
> 1/2 TL Ingwerpulver
> etwas Muskatnusspulver
> 1 Karotte (ca. 70 g)
> 2 EL Pflanzendrink
> 1–3 TL Kokosblütenzucker
> 20 g Nüsse
> 10 g Rosinen
> 1 TL Kokosöl

TOPPINGS:

> Crunchy-Mandel-Nice-Cream
(Anleitung siehe Seite 177. Mengen:
10 g gehackte Mandeln, 50 g gefrorene Banane, 1 TL Mandelmus)

GESAMT: 512 KCAL – 17 G
PROTEIN – 50 G KOHLEN-
HYDRATE – 10 G BALLAST-
STOFFE – 27 G FETT (21 G
UNGESÄTTIGT)

1 Den Backofen auf 180 Grad vorheizen. Eine ofenfeste Bowl mit etwas Kokosöl einfetten. Für den Kuchen das Ei trennen und das Eiklar mit 1 Prise Salz steif schlagen.

2 Das Dinkelmehl mit Zimt, Ingwer, Muskatnuss, Kokosblüten-zucker und etwas Salz vermengen.

3 Die Karotte schälen, putzen und per Hand oder in einem Food Processor zu kleinen Raspeln verarbeiten. Das Eigelb mit dem Pflanzendrink und der Karotte mischen.

4 Die Mehlmischung mit der Karottenmasse vermengen, die Nüsse hacken und zusammen mit den Rosinen unterheben. Nun den steifen Eischnee unter den Teig heben, alles sofort in die Ofen-Bowl geben und ca. 20 Min. im vorgeheizten Backofen backen.

5 In der Zwischenzeit die Crunchy-Mandel-Nice-Cream herstel-len (Anleitung siehe Seite 177) und zum Kuchen reichen.

Ein Kochbuch ohne einen Karottenkuchen wäre nicht »mein« Koch-buch. Ich liebe ihn über alles und kann mich an diesem würzig-süßen Zusammenspiel der Aromen kaum satt essen.

KUCHEN: 362 KCAL – 13 G PROTEIN – 36 G KOHLENHYDRATE – 7 G BALLASTSTOFFE – 18 G FETT (13 G UNGESÄTTIGT)
CRUNCHY-MANDEL-NICE-CREAM: 150 KCAL – 4 G PROTEIN – 14 G KOHLENHYDRATE – 3 G BALLASTSTOFFE – 9 G FETT (8 G UNGESÄTTIGT)

HEIDELBEER-
Haferkeks-Bowl

Ca. 30–40 Min.

› *50 g Haferflocken, kernig*
(Großblatt)
› *1 TL Kokosblütenzucker*
(meine Empfehlung für eine
süßere Variante: 2–3 TL)
› *1 TL geschrotete Leinsamen*
› *1 TL gemahlene Nüsse*
› *1 gr. TL Erdnussbutter (gesalzen)*
› *1 Prise Salz*
› *50 g Pflanzenjoghurt*
(z. B. Cashew- oder Kokosjoghurt)
› *1 Handvoll Heidelbeeren*
(frisch oder gefroren)
› *1 TL Kokosöl*

TOPPINGS:
› *1 TL Erdnussbutter*

Notiz

* Kann ich allen Porridge-
Liebhabern ans Herz legen!

1 Den Backofen auf 180 Grad vorheizen. Eine ofenfeste Bowl mit etwas Kokosöl einfetten.

2 In einer Schüssel die Haferflocken mit dem Kokosblütenzucker, den geschroteten Leinsamen, einer Prise Salz und den gemahlenen Nüssen vermengen. Nun die Erdnussbutter hinzugeben und mit den trockenen Zutaten verkneten. Falls die Erdnussbutter ungesalzen ist, gerne noch etwas Salz hinzufügen.

3 Den Pflanzenjoghurt und ganz zum Schluss eine Handvoll Heidelbeeren unterheben und den Haferteig in die Bowl einfüllen. Ruhig locker in die Bowl fallen lassen – der Teig muss nicht an den Bowl-Boden gedrückt werden!

4 Im vorgeheizten Backofen 25–35 Min. knusprig backen. Wie wäre es mit noch mehr Erdnussbutter als Topping?

Ach ja, der Haferkeks. Dieses Rezept ist mir bestimmt 15 Mal misslungen, bis ich endlich die richtigen Zutaten kombiniert hatte. Ich wollte unbedingt meine geliebten Haferflocken als Kuchen oder Keks im Süßspeisen-Kapitel unterbringen und das am besten als vegane Version ohne Eier. Nach etlichen Versuchen machten kernige Haferflocken, gemahlene Nüsse und Kokosjoghurt das Rennen und verhalfen mir zur perfekten Keks-Bowl.

NÄHRWERTE CA. 395 KCAL – 14 G PROTEIN – 42 G KOHLEN-HYDRATE – 9 G BALLASTSTOFFE – 18 G FETT (15 G UNGESÄTTIGT)

Die »süße«
SÜSSKARTOFFEL

Ca. 40–70 Min.

➤ *1 mittelgr. Süßkartoffel*
(ca. 200 g)

TOPPINGS:

➤ *10 g Pekannüsse, 1 TL*
Kakaonibs, Kokosjoghurt, ein
paar Brombeeren und Rosinen,
Ceylon-Zimt und 2 TL Honig

NÄHRWERTE CA.

366 KCAL – 5 G PROTEIN –
62 G KOHLENHYDRATE – 9 G
BALLASTSTOFFE – 11 G FETT
(8 G UNGESÄTTIGT)

.... *Tipp* ....

∗ Die schöne Farbe der *Süßkartof-*
fel kommt übrigens vom Betacarotin. Es wird im Körper zu Vitamin
A umgewandelt, unterstützt die
Sehkraft und sorgt für eine schöne
Haut. Nicht umsonst wird Akne
oftmals mit Vitamin-A-Medika-
menten behandelt. Bereits 100 g
Süßkartoffel decken ein Vielfaches
von unserem empfohlenen
Tagesbedarf ab!

1 Den Backofen auf 180 Grad vorheizen.

2 Die Süßkartoffel waschen und mit einer Gabel einige Löcher in die Schale stechen. Dann als Ganzes auf einem mit Back-papier ausgelegten Blech in den Ofen geben.

3 Je nach Größe braucht die Süßkartoffel zwischen 30 und 60 Min., bis sie gar ist. Man kann ganz einfach mit einem Messer einen Stichtest machen und überprüfen, ob sie bereits überall weich ist.

4 Aus dem Ofen holen, der Länge nach aufschneiden und auf-klappen. Für eine luftige Konsistenz lockere ich das Innere gerne mit einer Gabel etwas auf.

5 Die Kartoffel mit allem dekorieren, was das Herz begehrt. Ich nehme gerne Rosinen, Pekannüsse, Kakaonibs, Beeren, Zimt und Honig.

6 Die Süßkartoffel schmeckt warm am besten – einfach mit einem Löffel aushöhlen! Die Schale kann aber auch mitgegessen werden.

Meine Definition von einfachem, natürlichem Essen. Und das Rezept beweist: Eine Süßkartoffel schmeckt nicht nur mit Pikantem, sondern auch in Kombination mit Süßem unschlagbar gut. Für eine vegane Variante einfach Ahornsirup statt Honig als Topping verwenden.

Cremige Zucchini-Apfel-
BROWNIE-BOWL

Ca. 2 Std.

› 1 TL geschrotete Leinsamen
› 30 g Erdnuss-, Mandel-
oder Kokosmehl
› 1 gr. Prise Salz
› 2 TL rohes Kakaopulver,
stark entölt
› 80 g Zucchini
› 2–3 entsteinte Datteln
› 50 g Apfelmus
› Vanille (gemahlen)
› 50 g Apfel
› 1 TL Kokosöl

TOPPINGS:
› 1 TL Kakaonibs, 1 TL gehackte
Haselnüsse, 1 TL Dattelsirup

Info

* Mit dieser Bowl deckt man
fast 50 % des täglichen Bedarfs
an Ballaststoffen! Die Ballaststoffe bringen die Verdauung in
Schwung, halten lange satt und
sorgen für eine gesunde Darmflora.

1 Den Backofen auf 180 Grad vorheizen. Eine ofenfeste Bowl mit Kokosöl einfetten.

2 Die geschroteten Leinsamen in der doppelten Menge heißem Wasser ca. 20 Minuten quellen lassen. Das Mehl mit dem Salz und dem Kakaopulver mischen. Die Zucchini waschen, putzen und in einem Food Processor klein hacken oder per Hand raspeln.

3 Die Datteln zu einer Paste mixen. Danach das Apfelmus, die Vanille und die gequollenen Leinsamen dazugeben und erneut mixen. Nun in einer Schüssel die Zucchiniraspeln, Mehl-mischung und Dattelpaste zu einem Teig kneten. Das Apfelstück waschen, schälen, in kleine Stücke schneiden und unter den Teig heben. Ein paar Stücke für das Topping beiseitelegen.

4 Den Teig in die Bowl füllen und mit Kakaonibs, gehackten Haselnüssen und Apfelstücken dekorieren. Rund 40 Min. im vorgeheizten Backofen backen und anschließend mind. 1 Std. kalt stellen. Kurz vor dem Servieren mit etwas Dattelsirup übergießen.

Dieses Gericht ist ziemlich leicht, cremig und angenehm süß. Definitiv keine sündhafte Zuckerbombe, weil wir hier nur mit Datteln süßen. Wieso die Zucchini überhaupt ihren Weg in diesen Brownie gefunden hat? Um ihn luftig und weich zu machen, ohne den Geschmack zu verändern.

NÄHRWERTE CA. 430 KCAL – 23 G PROTEIN – 49 G KOHLEN-HYDRATE – 14 G BALLASTSTOFFE – 12 G FETT (7 G UNGESÄTTIGT)

Schoko-Bohnen-
BROWNIE-BOWL

Ca. 30–40 Min

- ‣ *10 g geschrotete Leinsamen*
- ‣ *200 g schwarze Bohnen aus der Dose oder dem Glas*
- ‣ *3 TL rohes Kakaopulver, stark entölt*
- ‣ *1 gr. Prise Salz*
- ‣ *Vanille (gemahlen)*
- ‣ *30 g Dattelsirup (meine Empfehlung für eine süßere Variante: 40–50 g)*
- ‣ *1 TL Kokosöl*

TOPPINGS:
- ‣ *20 g dunkle, vegane Schokoladenstücke, 10 g Pekannüsse*

NÄHRWERTE CA.

541 KCAL – 17 G PROTEIN – 53 G KOHLENHYDRATE – 16 G BALLASTSTOFFE – 24 G FETT (11 G UNGE-SÄTTIGT)

1 Den Backofen auf 180 Grad vorheizen. Eine ofenfeste Bowl mit Kokosöl einfetten.

2 Die geschroteten Leinsamen in doppelter Menge heißem Wasser ca. 20 Minuten quellen lassen. Währenddessen die schwarzen Bohnen abspülen und dann mit dem Kakaopulver, dem Salz, etwas Vanille und dem Dattelsirup zu einem gleichmäßigen Teig mixen. Die gequollenen Leinsamen dazugeben und alles nochmals verrühren.

3 Den Brownie-Teig in die Bowl einfüllen, mit Schokoladenstücken und Nüssen bestreuen und ca. 20–30 Min backen. Aus dem Ofen holen und einfach auslöffeln!

Ob es so schmeckt, wie es aussieht? JA! Ich bin immer wieder aufs Neue verblüfft, dass schwarze Bohnen so eine überzeugende Brownie-Konsistenz zaubern können. Ich bin zugegebenermaßen nicht die Einzige, die diese Fähigkeit zu schätzen weiß – Bohnen-Brownies sind vor allem unter Veganern sehr beliebt. Da schwarze Bohnen zwar viele gesundheitliche Vorteile, aber keine natürliche Süße mit sich bringen: einfach eine ordentliche Portion Dattelsirup hinzufügen. Alternativ sind auch Kokosblütenzucker oder Agavendicksaft möglich. Also keine Angst: Bohnen machen sich 1A in Süßspeisen – versprochen!

Sides

6

In diesem Kapitel habe ich meine Lieblingsrezepte rund um Beilagen, Toppings und Dips zusammengetragen – die perfekte Ergänzung zu den Bowl-Rezepten. Auch Lebensmittel, die man für gewöhnlich im Supermarktregal kaufen würde, wie Marmelade oder Granola, finden hier ihren Platz. Diese lassen sich in nur wenigen Minuten selbst zubereiten. Und das Beste daran? Man weiß ganz genau, was darin steckt!

ULTIMATIVES RAWNOLA

1 In einem Glas mit Wasser den Zitronensaft oder Apple Cider Vinegar vermengen und die Buchweizenkörner darin über Nacht quellen lassen. Morgens gut abspülen, da die Körner Schleim abgesondert haben. Auf Küchenpapier vollständig trocknen lassen.

2 Auch die Nüsse und Kerne über Nacht oder mind. 6 Std. in Wasser und etwas Salz einweichen, später abspülen und trocknen.

3 Die Leinsamen (geschrotet oder ganz) entweder für einige Stunden in der doppelten Menge Wasser aufquellen oder kurz zuvor mit heißem Wasser übergießen. So dauert es nur rund 10 Min., bis sie Schleim gebildet haben. Die Leinsamen werden nicht abgespült.

Ca. 15 Min.
+ Einweichen über Nacht

···

PORTION: 150 G

···

‣ 1 TL Zitronensaft oder
  Apple Cider Vinegar
‣ 20 g Buchweizen, ungekocht
‣ 30 g Nüsse (z. B. Mandeln
  und Cashew)
‣ 10 g Kerne (z. B. Kürbis- und
  Sonnenblumenkerne)
‣ Salz
‣ 10 g Samen (z. B. Leinsamen
  und Hanfsamen)
‣ 2 entsteinte Datteln
‣ 10 g Kokosraspeln
‣ 1 TL Ceylon-Zimtpulver
‣ Vanille (gemahlen)
‣ 10 g getrocknete Beeren
  (z. B. Maulbeeren)
‣ 10 g gepuffte Quinoa oder
  Haferflocken

·········· *Tipp* ··········

✳ Wer eine sensible Verdauung hat, kann Getreide, Nüsse
und Samen für jedes Rezept
einweichen. Dadurch werden
sie besser bekömmlich!

Zubereitung:

1 Die Datteln in einem Food Processor oder Mixer zu einer glatten Paste zerkleinern.

2 Buchweizen, Nüsse, Samen, Kokosraspeln, Zimt und Vanille dazugeben und mixen, bis alles gleichmäßig verteilt ist und die Nüsse grob zerkleinert sind.

3 Kerne, Beeren und gepuffte Quinoa dazugeben – als Alternative zur Quinoa sind auch Haferflocken möglich. Je nachdem, ob man das Rawnola mit kleineren oder größeren Stücken bevorzugt, nur noch kurz mixen oder unterrühren.

4 Abhängig davon, wie gut der Buchweizen und die Nüsse getrocknet wurden, kann die Feuchtigkeit des Rawnolas variieren. Falls es zu nass wirkt, kann man es auf einem mit Backpapier ausgelegten Blech ausstreichen und ein paar Stunden an der Luft trocknen lassen. Dörrgeräte können hier natürlich auch helfen! Danach in einem verschlossenen Glas kühl lagern und innerhalb von einer Woche genießen. Das sollte aber kein Problem sein!

Es benötigt zwar ein wenig Vorbereitung, aber dafür hat man die ultimative Rawnola-Version mit unschlagbar vielen Vorteilen für die Gesundheit! Nüsse, Kerne und Getreide sind sehr ballaststoffreich, weshalb so mancher an Bauchschmerzen oder Blähungen leidet, wenn er zu viel davon gegessen hat. Das Einweichen hilft beim Neutralisieren, sodass die wertvollen Nährstoffe besser von uns aufgenommen werden können.

NÄHRWERTE PRO 100 G CA. 385 KCAL – 11 G PROTEIN – 39 G KOHLENHYDRATE – 7 G BALLASTSTOFFE – 19 G FETT (14 G UNGE-SÄTTIGT)

FRÜCHTE-RAWNOLA –
in unter 10 Minuten!

Ca. 10 Min.

PORTION: 150 G

- › *10 g geschrotete Leinsamen*
- › *2 EL heißes Wasser*
- › *2 entsteinte Datteln*
- › *40 g Haferflocken*
- › *20 g Goji-Beeren*
- › *20 g Apfelringe, getrocknet*
- › *10 g Kakaonibs*
- › *1 gr. Prise Salz*
- › *1 gr. Prise Ceylon-Zimtpulver*

PRO 100 G CA. 332 KCAL –
8 G PROTEIN – 54 G
KOHLENHYDRATE – 14 G
BALLASTSTOFFE – 9 G
FETT (6 G UNGESÄTTIGT)

Tipp

* Das Rawnola kann sofort serviert werden, schmeckt am zweiten Tag aber noch besser, da es dann an Feuchtigkeit verloren hat und trockener geworden ist.

1 Die geschroteten Leinsamen im heißen Wasser 5 Min. quellen lassen. Währenddessen die Datteln in einem Food Processor oder mit einem Mixer zu einer glatten Paste zerkleinern. Falls sie sehr hart sind, kann man sie zuvor in heißem Wasser einweichen.

2 Die Hälfte der Haferflocken und die gequollenen Leinsamen mit der Dattelpaste entweder im Food Processor weiterverarbeiten oder zu einer normalen Küchenmaschine wechseln – ein Hochleistungsmixer zerkleinert die Lebensmittel zu stark. Die Zutaten gleichmäßig vermischen.

3 Nun die restlichen Lebensmittel dazugeben und kurz mixen, bis die Masse die gewünschte Konsistenz erreicht hat. Je länger man die Zutaten vermengt, desto intensiver verbinden sie sich. Ich mag gerne noch ein paar größere Stücke in meinem Rawnola.

4 Jetzt entweder sofort genießen, 1–2 Stunden in der Sonne trocknen oder an der Luft ruhen lassen. Wer ein Dörrgerät besitzt, darf auch das gerne benutzen. Anschließend – falls noch etwas übrig ist – in einem geschlossenen Glas im Kühlschrank aufbewahren. Haftung übernehme ich ungerne, aber mein Rawnola ist nach 1–2 Wochen immer noch gut.

»Granola« ist wohl jedem bekannt. »Rawnola« ist einfach dessen nicht erhitzte, rohe Schwester. So bleiben alle Nährstoffe und die ganze Ladung an Vitaminen erhalten, die sonst durch die Hitze zerstört werden.

GEMÜSE-CHIPS
im Ofen gebacken

Ca. 30 Min.

> ‣ *100 g Zucchini*
> ‣ *100 g Rote Bete, roh*
> ‣ *100 g Karotte*
> ‣ *100 g Süßkartoffel*
> ‣ *etwas Avocado- oder Kokosöl*
> ‣ *Salz & Pfeffer*
> ‣ *Paprikapulver, edelsüß*

NÄHRWERTE CA.

238 KCAL – 5 G PROTEIN – 42 G KOHLENHYDRATE – 9 G BALLASTSTOFFE – 5 G FETT (3 G UNGESÄTTIGT)

Tipp

* Gemüse mit hohem Wasseranteil (z. B. Zucchini) vor dem Backen mit Küchenpapier »ausdrücken«. Bei trocknerem Gemüse (z. B. Rote Bete, Süßkartoffel) etwas dickere Scheiben verwenden (2–3 mm). Karotten aus Erfahrung lieber dünner schneiden.

1 Den Backofen auf 200 Grad vorheizen.

2 Das rohe Gemüse putzen – wenn nötig schälen – und in ganz dünne Scheiben schneiden.

3 Mit etwas Öl bestreichen – ich benutze dafür am liebsten einen Pinsel. Ja nicht zu viel Öl benutzen, da die Chips sonst nicht mehr knusprig werden. Ohne Öl ist es auch möglich! Geschmacklich macht es keinen wirklichen Unterschied, allerdings verbrennen sie ohne Öl im Ofen schneller. Also beim Backen aufpassen!

4 Mit Salz und den Gewürzen bestreuen und gleichmäßig auf ein mit Backpapier ausgelegtes Blech legen. Das Gemüse sollte sich nicht überlappen.

5 10 Min. im vorgeheizten Backofen backen, alle Scheiben umdrehen und erneut für 5–10 Min. in den Ofen schieben. Die Chips vor allem in diesen letzten Minuten im Auge behalten, da sie je nach Dicke etwas früher oder später fertig sein können.

Spätabends vor dem Fernseher noch Lust auf einen Snack? Gar kein Problem, auch wenn die Geschäfte schon geschlossen haben. Einfach das Gemüse (das wir hoffentlich eh alle zu Hause haben) zu Chips verarbeiten! Schmeckt so gar nicht nach Gemüse und ist auch definitiv ein Genuss ohne Reue!

OFEN-POMMES
aus Kartoffeln und Süßkartoffeln

Ca. 40–50 Min.

‣ *200 g Süßkartoffel*
‣ *200 g Kartoffel*
‣ *3 TL Avocado- oder Kokosöl*
‣ *Salz*
‣ *Pfeffer*
‣ *Paprikapulver, edelsüß*
‣ *Kreuzkümmelpulver*
‣ *Chilipulver*

PRO 100 G CA.
138 KCAL – 2 G PROTEIN –
20 G KOHLENHYDRATE –
3 G BALLASTSTOFFE –
6 G FETT (4 G UNGE-
SÄTTIGT)

Info

* *Süßkartoffeln* haben zwar mehr Zucker, aber dennoch einen niedrigeren glykämischen Index & mehr Ballaststoffe als die heimische Kartoffel. Dadurch bleibt der Blutzuckerspiegel stabiler und man ist länger satt.

1 Den Backofen auf 180 Grad vorheizen.

2 Die Kartoffeln putzen und, wenn nötig, schälen. In lange Streifen schneiden und die Kartoffelsticks mit Avocado- oder Kokosöl in einer Schüssel mischen. »Viel hilft viel« gilt hier allerdings nicht. Wenn man zu viel Öl verwendet, werden die Pommes wider Erwarten nicht knusprig, sondern eher matschig.

3 Was die Gewürze angeht, entscheidet einfach der Geschmack! In der Zutatenliste habe ich ein paar Klassiker aufgelistet. Auch diese mit in die Schüssel geben und gut vermischen.

4 Die Pommes gleichmäßig auf einem mit Backpapier ausgelegten Blech verteilen. Dabei sollte jeder Stick »für sich« liegen – überlappende Stellen sind eher ungünstig. Nun für 30–40 Min. im vorgeheizten Backofen knusprig werden lassen.

Nun ja ... wer liebt sie nicht? Unsere tollen Kartoffeln sind in knuspriger, länglicher Stiftform – also als Pommes – leider etwas in Verruf geraten und stehen dank der Fast-Food-Branche nicht gerade für »gesunde Nahrung«. Doch daran ist die gängige Zubereitungsmethode schuld – das Frittieren. Denn eigentlich ist die Kartoffel ein wunderbares Knollengemüse, das man mit ein wenig Öl im Ofen gebacken vollkommen sündenfrei genießen kann!

PS: Bei mir hat sich noch nie jemand beschwert, dass die Ofen-Pommes »gesund« schmecken. Auch nicht die männlichen Familienmitglieder.

BEERENMARMELADE –
zuckerfrei

Ca. 15 Min.

PORTION: 300 G

▸ *300 g Beeren*
(tiefgefroren oder frisch)
▸ *3–4 TL Chiasamen*
(alternativ 2 TL Chiasamen und
2 TL Flohsamenschalen)
▸ *1 Spritzer Zitronensaft*
▸ *optional: Agavendicksaft,*
Ahorn- oder Dattelsirup
nach Belieben

PRO 100 G CA.
58 KCAL – 2 G PROTEIN –
8 G KOHLENHYDRATE –
3 G BALLASTSTOFFE –
1 G FETT (1 G UNGE-
SÄTTIGT)

Info

* Im Kühlschrank aufbewahren
und nach dem Öffnen innerhalb
von 3 bis 4 Tagen verbrauchen.

1 Die Beeren in einem Topf bei kleiner Hitze erwärmen. Regelmäßig rühren und warten, bis Flüssigkeit austritt. Größere Beeren während des Rührens zerkleinern.

2 Sobald die Beeren zu Brei werden, die Chiasamen und den Zitronensaft unterrühren. Bei kleiner Hitze quellen lassen. Statt der Chiasamen kann man auch zur Hälfte Flohsamenschalen verwenden! Sie machen die Konsistenz allerdings schnell sehr »zäh«, deswegen nicht zu viel benutzen.

3 Wer es süßer mag, rührt zusätzlich ein Süßungsmittel wie beispielsweise Dattelsirup unter. Selbst mit 2–3 Tee- oder Esslöffeln ist man immer noch meilenweit vom gewöhnlichen Zuckergehalt einer Marmelade entfernt! Wer Marmelade ohne Stücke bevorzugt, püriert die Masse anschließend in einem Mixer.

4 Die Marmelade noch heiß in ein sauberes Marmeladenglas füllen und fest verschließen. So entsteht Unterdruck und die Beerenmarmelade ist ungeöffnet 1–2 Wochen haltbar.

Normale Marmelade scheint fruchtig-gesund zu sein – aber das täuscht. Sowohl übliche Marmeladen aus dem Supermarkt als auch selbst gemachte Versionen nach »Omas« Rezept bestehen in der Regel zu 50 % (!!) aus hinzugefügtem, einfachem Gelierzucker. »75 % Fruchtanteil« findet man schon seltener. Mit meinem Rezept gelingt eine ganz ähnliche Konsistenz – mithilfe des Quellvermögens von Samen und Samenschalen. Ohne Zucker ist die Marmelade zwar nicht so lange haltbar – aber so lecker, wie sie schmeckt, ist das gar nicht mal so schlimm.

FEIGEN-PEKAN-MARMELADE

PRO 100 G CA. 336 KCAL – 5 G PROTEIN – 30 G KOHLENHYDRATE
– 7 G BALLASTSTOFFE – 23 G FETT (19 G UNGESÄTTIGT)

Ca. 15 Min.

PORTION: 300 G

› *90 g Pekannüsse*
› *2–3 Scheiben frischer Ingwer*
› *600 g reife, frische Feigen*
› *1 Schuss Zitronensaft*
› *optional: Vanille (gemahlen), Ceylon-Zimtpulver, Salz*

Notiz

* Die Marmelade ist im Kühlschrank ungeöffnet ungefähr 4 bis 5 Wochen haltbar. Nach dem Öffnen innerhalb von 3 bis 4 Tagen genießen.

1. Die Pekannüsse und Ingwerscheiben hacken. Die frischen Feigen schälen und in Stücke schneiden.

2. Nüsse, Feigen, gehackten Ingwer und Zitronensaft bei kleiner Hitze auf dem Herd erwärmen. Aus den Feigen tritt ziemlich schnell Flüssigkeit aus. Einfach alles 10 Min. leicht köcheln lassen – und zwischendurch regelmäßig umrühren. Die Feigen dabei zerdrücken, damit die Marmelade nicht allzu große Stücke hat.

3. Optional mit Vanille, Zimt und einer Prise Salz verfeinern.

4. Die Masse noch heiß in ein sauberes Marmeladenglas füllen und sofort verschließen. Beim Abkühlen zieht sich die Luft zusammen und es entsteht Unterdruck. Wenn das geklappt hat, sollte es ein »Klack«-Geräusch beim Öffnen geben.

SPINAT-WALNUSS-OLIVEN-PESTO

309 KCAL – 4 G PROTEIN – 3 G KOHLENHYDRATE – 2 G BALLAST-
STOFFE – 31 G FETT (26 G UNGESÄTTIGT)

Ca. 10 Min.

PORTION: 100 G

▸ *40 g Babyspinat*
▸ *20 g Oliven*
▸ *20 g Walnüsse*
▸ *1,5 EL Öl (z. B. Olivenöl,
Leinsamen- oder Hanföl)*
▸ *1 TL Zitronensaft*
▸ *Salz & Pfeffer*
▸ *optional: 1 TL Hefeflocken
oder Parmesan*

Notiz

* *Innerhalb von 3–4 Tagen aufbrauchen.*

1. Den Babyspinat waschen, trocken schütteln und grob klein rupfen. Die Oliven klein schneiden und die Walnüsse hacken.

2. Alle Zutaten in einen Mixer geben und gut zerkleinern. Wer gerne einen nussigen »Crunch«-Effekt haben möchte, fügt die Walnüsse als Letztes hinzu, sodass noch kleine Nussstücke im Pesto erhalten bleiben.

3. Die Hefeflocken bzw. der Parmesan sind nicht zwingend notwendig – aber lecker!

4. Probieren, mit Gewürzen abschmecken und verschlossen im Kühlschrank lagern. Am zweiten Tag schmeckt mir das Pesto noch besser! Bis dahin haben sich die Zutaten verbunden und das Pesto konnte durchziehen.

HUMMUS – 5 SORTEN

Ca. 10 Min.

Kichererbsen aus dem Glas gründlich abspülen. Alternativ Kichererbsen selbst einweichen und kochen. Mit Tahini, Olivenöl (oder alternativ für eine kalorienreduzierte Version Pflanzendrink), Zitronensaft, Salz und Gewürzen in einem Mixer cremig pürieren. Für die verschiedenen Geschmacksrichtungen jeweils die Extras hinzufügen und mixen. Im Normalfall muss man etwas nachhelfen und die Masse immer wieder von den Mixerwänden nach unten schieben. Falls die Konsistenz generell zu trocken ist, einfach einen weiteren Esslöffel Pflanzendrink oder Olivenöl zugeben.

MEDITERRANER HUMMUS:

MIT OLIVENÖL:
259 KCAL –
6 G PROTEIN –
10 G KOHLEN-
HYDRATE – 6 G
BALLASTSTOFFE –
20 G FETT (18 G
UNGESÄTTIGT)

> 50 g Kichererbsen aus dem Glas
> 20 g Oliven
> 10 g getrocknete Tomaten
> 1 EL Tahini
> 1 kl. EL Olivenöl oder 1 EL Pflanzendrink
> 1 gr. Schuss frischer Zitronensaft
> 1 gr. Prise Salz
> getr. Oregano
> getr. Rosmarin
> Pfeffer

CLASSIC:

MIT OLIVENÖL:
244 KCAL –
7 G PROTEIN –
13 G KOHLENHYDRATE –
7 G BALLASTSTOFFE –
16 G FETT
(15 G UNGESÄTTIGT)

MIT PFLANZEN-DRINK: 165 KCAL –
7 G PROTEIN –
13 G KOHLENHYDRATE –
7 G BALLASTSTOFFE –
8 G FETT
(8 G UNGESÄTTIGT)

› *80 g Kichererbsen aus dem Glas*
› *1 EL Tahini*
› *1 kl. EL Olivenöl oder 1 EL Pflanzendrink*
› *1 gr. Schuss frischer Zitronensaft*
› *1 gr. Prise Salz*
› *1/2 TL Kreuzkümmelpulver*
› *Pfeffer*
› *optional: Knoblauch*

PINK HUMMUS:

MIT OLIVENÖL:
227 KCAL –
6 G PROTEIN –
12 G KOHLENHYDRATE –
6 G BALLASTSTOFFE –
16 G FETT
(14 G UNGESÄTTIGT)

› *60 g Kichererbsen aus dem Glas*
› *20 g Rote Bete (roh oder gekocht)*
› *1 EL Tahini*
› *1 kl. EL Olivenöl oder 1 EL Pflanzendrink*
› *1 gr. Schuss frischer Zitronensaft*
› *1 gr. Prise Salz*
› *1/2 TL Kreuzkümmelpulver*
› *Pfeffer*
› *optional: Knoblauch*

ERBSEN-CASHEW-HUMMUS:

MIT OLIVENÖL:
229 KCAL –
8 G PROTEIN –
15 G KOHLENHYDRATE –
6 G BALLASTSTOFFE –
15 G FETT
(12 G UNGESÄTTIGT)

› *40 g Kichererbsen aus dem Glas*
› *40 g Erbsen (gefroren oder frisch)*
› *1 EL Cashewmus (alternativ Tahini)*
› *1 kl. EL Olivenöl oder 1 EL Pflanzendrink*
› *1 gr. Schuss Zitronensaft*
› *1 gr. Prise Salz*
› *1/2 TL Kreuzkümmelpulver*
› *Pfeffer*
› *optional: Knoblauch*

SÜSSKARTOFFEL-INGWER-HUMMUS:

MIT OLIVENÖL:
241 KCAL –
6 G PROTEIN –
17 G KOHLENHYDRATE –
6 G BALLASTSTOFFE –
16 G FETT
(14 G UNGESÄTTIGT)

› *30 g Süßkartoffel (gekoeht oder gedünstet)*
› *50 g Kichererbsen aus dem Glas*
› *1 EL Tahini*
› *1 kl. EL Olivenöl oder 1 EL Pflanzendrink*
› *1 gr. Schuss frischer Zitronensaft*
› *1 gr. Prise Salz*
› *3–4 dünne Scheiben Ingwer, klein gehackt (alternativ: 1 TL Ingwerpulver)*
› *1/2 TL Kreuzkümmelpulver*
› *optional: Knoblauch*

DANKSAGUNG

Zu viele Köche verderben bekanntlich den Brei ...

... und das wäre bei einem Kochbuch ziemlich ungünstig. Aus diesem Grund haben mir bei meinem Buch nur eine kleine Handvoll Menschen geholfen. Doch euch gilt ein umso größeres: **DANKE!**

Meine Mama musste nicht nur einmal einen bösen Blick auf sich ruhen lassen, wenn sie mir wieder mal sagte: »Ich glaube, das Rezept bekommst du noch besser hin.« Und ja, selbst wenn ich diesen Satz ab und zu lieber nicht gehört hätte, unser Perfektionismus zu Hause zahlt sich am Ende aus. Doch nicht nur dafür »Danke, Mama!«, sondern auch für dein unermüdliches Auge bei der Bilderauswahl. Das hundertste Bild von einer Gemüse-Bowl und die zweihundertste Aufnahme von mir im Garten sehen zugegeben irgendwann absolut identisch aus ... Aber bei dir kann ich mich immer auf eine starke, fundierte Meinung verlassen. Auch nachts um 2 Uhr.

In diesem Zuge möchte ich mich auch bei Anna bedanken, die alle Fotos von mir aufgenommen hat. Unsere Freundschaft zeichnet sich durch viel Spaß aus – anders hätten wir die Auswahl und Bearbeitung von Tausenden von Bildern auch gar nicht überstanden. Vor allem das Thema »Cover-Foto« war ein kleiner Albtraum. Anna hat sich von Sekunde eins an für das zufällig entstandene (jetzige) Cover-Bild stark gemacht. Ich dagegen habe noch zwei extra organisierte Cover-Shootings gebraucht, um zu realisieren, dass Anna von Anfang an recht hatte.

Von meinem Verlag Community Editions kann ich nur in höchsten Tönen sprechen. So viel Freiraum, Hilfe und Verständnis sind bestimmt nicht gang und gäbe, und ich weiß unsere freundschaftliche Art zu arbeiten wirklich zu schätzen.

Danke auch an meinen Bruder Dennis sowie an Daniela, die beide unglaublich wichtige Stützen in meinem Leben und immer für eine inspirierende Doku zu haben sind. So wuchs unser Bewusstsein für die Überfischung der Meere, Plastik im Alltag oder die Avocado-Problematik.

Und vielen Dank an dich. Danke, dass du dich auf diese Ernährungsreise begeben hast! Ich hoffe, dass die eine oder andere Information einen Aha-Moment hervorgerufen hat. Und wenn du dann noch ein paar Rezepte nachgekocht, im Supermarkt zur regionalen Alternative gegriffen oder der Umwelt zuliebe mal Fisch und Fleisch weggelassen hast, bin ich wunschlos glücklich. Und auch wenn beim Kochen nicht alles auf Anhieb gelingt – es soll Spaß machen. Auch mein Essen brennt mal an. Aber was soll's, dann kannst du einfach noch mal den Kochlöffel schwingen!

ÜBER PAMELA REIF

Pamela Reif gehört zu den einflussreichsten Fitness- und Lifestyle-Vorbildern in Deutschland. Mit 16 Jahren fand Pamela ihre große Leidenschaft im Kraftsport. Parallel dazu entdeckte sie die Liebe zur Fotografie und teilte auf der Plattform Instagram ihre ersten Fotos. Aus privaten Schnappschüssen wurden schnell Fotos rund um Fitness, Ernährung und Reisen. Auf ihrem Instagram-Account *pamela_rf* erreicht sie mittlerweile eine Community von über 4 Millionen Menschen, die täglich ihrem Leben und ihrer Begeisterung für Fitness folgen. Daneben teilt Pam auf ihrem zweiten Account *pamgoesnuts* ihr Wissen zum Thema gesunde, natürliche Ernährung und ihre liebsten Rezepte.

BEREITS ERSCHIENEN:

PAMELA REIF
Strong & Beautiful
224 Seiten, Hardcover
ISBN 978-3-96096-001-0

AUCH ALS E-BOOK ERHÄLTLICH

IMPRESSUM

....

YOU DESERVE THIS

Einfache & natürliche Rezepte für einen gesunden Lebensstil. Bowl-Kochbuch.

3. Auflage

© 2019 Community Editions GmbH
Zülpicher Platz 9
50674 Köln

Text: Pamela Reif
Foodstyling: Pamela Reif
Design, Layout & Satz: BUCH & DESIGN Vanessa Weuffel
Lektorat: All you can read – Kreativ-Agentur Anke Hennek
Projektleitung: Yasmin Reddig
Redaktion: Sarah Völker

Bildnachweis: © Anna Heupel: Cover, Cover-Rückseite (u.l., M.r.), Vorsatz, Seiten 2, 4, 6 (o., u.), 10, 17, 46, 55, 63, 65, 93, 117, 149, 173, 176, 203, 218 (o.l., M.l., M.r., u.l., u.r.), 219 (o.l., o.r., M.l., M., M.r., u.l.), 223 (u.l, u.r.), Vorsatz; © Daniela Unrau: Seite 219 (u.r.); © Pamela Reif: Cover-Rückseite (o.r., u.r., M.u.), Seiten 6 (M.), 12, 31, 42, 43, 58, 66–90, 94–114, 118–146, 150–170, 174, 178–200, 204–216; © Privat: Seite 218 (o.r.)

stock.adobe.com: (Seiten 19, 20, 23, 24, 29, 35, 37, 39, 41, 45): ©aedkafl, ©Africa Studio, ©alb470hanohiki, ©Alessio Orrù, ©amy_lv, ©anchietaxavier, ©Anton, ©Armando, ©ArTo, ©AZP, ©barmalini, ©bbivirys, ©beerfan, ©breakingthewalls, ©Brent Hofacker, ©Carly Hennigan, ©ChiccoDodiFC, ©Christian Jung, ©cooperr, ©Davizro Photography, ©denira, ©Diana Taliun, ©Emilija, ©fabiomax, ©francescodemarco, ©irina, ©Iuliia, ©jonnysek, ©Julia, ©juliasudnitskaya, ©kaliantye, ©kariphoto, ©kiboka, ©kuvona, ©lastfurianec, ©Leonid, ©Marco2811, ©MarekPhotoDesign.com, ©Markus Mainka, ©Melica, ©Metkalova, ©nata_vkusidey, ©Natalia Mylova, ©Natallia, ©Olaf Speier, ©olllinka2, ©Patrik Stedrak, ©Paul Pellegrino, ©peangdao, ©phanuwatnandee, ©pheeraphan, ©philippev, ©photocrew, ©pichaitun, ©Picture Partners, ©prapholl, ©r_andrei, ©Rahul, ©red13fotostudio, ©Sergey Skleznev, ©sotopiko, ©tarasylo, ©Tim UR, ©ufotopixl10, ©vpardi, ©womue, ©Worldwide, ©yanadjan, ©Zechal, ©Андрий Пограничний, ©Игорь Головнёв

o. = oben, M. = Mitte, u. = unten, l. = links, r. = rechts

Gesamtherstellung: Community Editions GmbH

ISBN 978-3-96096-074-4

Printed in Poland

www.community-editions.de